餃子のおんがえし

じろまるいずみ

晶文社

デザイン――三木俊一（文京図案室）
装画・挿絵――佐々木一澄
編集――林さやか（編集室屋上）

餃子のおんがえし●もくじ

はじめに

食べものとともに、生きていく

三歳になるまで私は好き嫌いがとても激しく、たいていの食べものが嫌いで、強制的に口に入れられたものが夜になっても残っているような偏食だったという。当時の写真には「食卓にぶうとした顔で座る私」の構図がとても多く、その写真の裏側には「とにかく食べない」「叱ってても褒めてもどうしても食べない」などと母の悲痛な叫びが書き綴られていたものだ。ところが三歳になると突然、食欲が爆発する。急にあらゆるものが食べられるようになり、朝昼晩におやつまでしっかり食べ、つまみ食いや盗み食いまでこなすようになる。お店でもよその家でも食欲は止まらず、親から「うちで食べさせてないみたいだからやめて」と叱られても平気、へっちゃら。特に「まだ食べたことがないもの」には目がなく、大人の珍味にもせっせと手を出していた。

幼稚園のときにはもう、食べものとともに生きていこうと決めていた。絵本『ぐりとぐら』

のように「この世で一番好きなのはお料理すること食べること」をモットーに生きていこうと決めていた。ゴム跳びよりも給食が好きな小学生は、ケーキ屋を目指す中学生となり、板前になるにはどうしたらいいのか悩む高校生になり、いつしか自分の店を持つのが夢となっていた。人生の荒波を乗り越え、ようやく夢がかなったのは四〇歳目前。繁華街の端っこ、風俗店が立ち並ぶ場末の立地、不動産屋に舐められ騙され借りたテナントはたった六坪の戦前の長屋。雨が降ると浸水し、台風が来れば穴があく壁が名物だったが、いいお客さんに恵まれた。

文章を書くようになったのは、お店のお客さんに「今日のおいしいもの」をお知らせするメールを出すようになってからだ。メールの冒頭に季節の挨拶などを書いていたものがどんどん膨らみ、しまいには「今日のじろまる」という名のエッセイになっていた。この本にも当時のネタがたくさん収録されている。「おいしい」と「面白い」のマリアージュを楽しんでいただけたら嬉しい。

1 おうちの思い出

ニコニコのハンバーグ

父が亡くなり、母も年老いた今になってようやく「彼らの話を収集しておかなくては」と焦っている娘が私である。何しろ幼きころから親とはソリが合わぬ。特に父はやっかいだった。どんな些細なことも、すんなり伝えてくれないツンデレ体質。面白い話だなと思って聞いている途中で急にツンデレの「ツン」が押し寄せてくればそれで話はおしまい。次に彼の機嫌が良くなるのを待つしかない。そんなこんなで、永久に続きを聞けない話がゴロゴロある。

幸い母とはようやく話ができるようになり、実家に帰ってはせっせと昔話を収集している。聞いていると「自分はまるで母のことを知らなかった」と驚くことが多い。「母は私のことなど何もわかってない」と憤慨してきた人生だったが、なんのことはない。私だって母のことは何もわかっていなかったのだ。

例えば彼女が「数字に強い」だなんて、考えたこともなかった。言われてみれば確かに八〇歳を過ぎた今も、親戚である中学生の数学の宿題を添削してやったりはしている。だがその事実は知っていても、それと自分の母親が数字に強いことが結びつけられない。「母は私のことを一人の人間として見ていない」と憤慨してきた人生だったが、なんのことはない。私こそ母のことを「母親」としてしか見ておらず、一人の人間として客観視をしてこなかったのだ。

数字に強かったおかげで、母は私を妊娠中もあちこちから「ちょっと、うちの経理を見て」と引く手あまただったという。特に親戚がやっていた「ニコニコ」という洋食レストランからは「繁盛してるおかげで人手が足りなくて、本来経理を見る人までもが調理やホールに駆り出されている。ずっとどんぶり勘定が続いているから、早く来て、早くうちの経理見て」と矢の催促だったらしい。

そこで私を出産するや否や、母はニコニコへ通うようになった。もちろん乳飲み子である私も一緒に通勤だ。繁華街の騒がしい店に赤ん坊連れとは何事か?と思うだろうが、私は生まれたときから四六時中ぐうぐうと寝ている子どもだったらしい。なにしろ産院から帰ってきても、夜泣きをほとんどしなかったので、両親は私と別の部屋で寝ていたくらいだ。生後数日でもう自分の部屋を与えられ、そこでおとなしく寝ていた赤子なのだ。なので赤子らしからぬ大きなイビキが客席に漏れる心配をすることはあっても、店内の喧騒で赤ん坊が起きて泣く心配はしていなかったという。

よくぞ泣いてくれた!

さてニコニコで母がようやく「何から手をつけていいか」のメドが立ったころ。つまり何もまだ片付いてはいないころ、ニコニコに税務調査のお知らせがやってきた。経営者一同は大パニックである。不正をしていたつもりはないが、どんぶり勘定の自覚はたっぷりある。それを! 今から! きちんと! 正すつもりだったのに! なぜ今? せめて半年後にきてくれればキレイに帳簿も整っているのに? なぜ今?と、上を下への大騒ぎだ。だが騒いでももう遅い。あっという間に税務署の人たちが乗り込んできた。

するとどうだろう。税務調査が店内で始まるや否や、普段は何があろうともぐうぐう寝ている乳飲み子の私が、突然火がついたように泣き始めたのだ。経営者一同、そして母もさらに大パニックだ。赤子はあやさねばならぬ。税務署には説明せねばならぬ。赤子は泣き止まぬ。税務署の声も聞こえぬ。赤子バタバタ暴れ出す。母もドタバタ右往左往する。赤子うるさい。赤子うるさい……ああどうしよう、と母も泣きたくなったとき「お子さんも大変そうですし、今回はもういいです。またいつか来ますので」と税務署の人が帰ってしまった。

「ありがとう！」
「よくぞ泣いてくれた！」
ニコニコ経営陣は大喜びだ。母には「泣かせたお礼」として高価な着物がプレゼントされた。私には「泣いてくれたお礼」として「一生ニコニコで食べられる権利」が授与されたという。なるほど、私の覚えているニコニコの風景が「異常なほど歓待される店」だったのは、そういうわけだったのか。
記憶にあるのは、店主だけでなく従業員の皆さんまでも「おばちゃんのこと覚えてる？」と次々やってくる姿。そして「いずみちゃんのために、店では出してない特製ハンバーグだよっ」と、頼んでもないものがやってくること。さらにその特製ハンバーグが、店主じいちゃんの「小さな子どもに栄養をつけなくては」という思いからだろうか、なぜかニラが入っていたこと。

ナツメグがうんときいた牛肉一〇〇パーセントであろうハンバーグに、ニラはまったくもって合わなかった。ナツメグが入ってなかったら。いやそもそもニラじゃなく、他の野菜だったならもう少し歩み寄れたかもしれないが、今となってはしかたのないことだ。さらに店にはちゃんとした自家製ドミグラスソースがあるにもかかわらず、どういう理由からかウスターソースをかけて食べろと指示されたのも謎だった。一度記憶を頼りに作ってみたことがあるが、ナツメグ、ニラ、ウスターソースの三位一体がなんというかもう、あまり仲良くなれなかったクラスメイト感があって、どうにもこうにもお手上げであった。ごめん、じいちゃん。私はあのハンバーグがとても苦手でした。

ニコニコの名誉のために言っておくが、通常のバージョンであればハンバーグもドミグラスソースも非常においしいのである。今でもたまに、あの茶色いソースの味を思い出そうとやっきになっていることがある。目玉焼きとからんだ色彩がまぶたに浮かぶことがある。とうの昔に閉店したが、その、つまり、また食べたいのだ。いつか天国でじいちゃんに会うことがあったなら、「今度はニラ抜きで」と注文したい。もちろんウスターじゃないほうのソースでね。

ほんとうにおいしいハンバーグのレシピ

ハンバーグを食べたことのない日本人がいるだろうか。物心ついて最初に食べた洋食ランキングがあったら、おそらくハンバーグがぶっちぎりの一位に違いない。子どもも大人も大好き。うちのオットも大好き。昭和生まれの中年男子だが誕生日の夜ごはんには必ず、ハンバーグのリクエストがくる。

人気のメニューであるがゆえ、レシピの数も数え切れないほどある。肉は豚肉か、牛肉か、合挽きか。いやいやうちは塊肉を切り出して、包丁で粗く叩くだけですよというワイルド系も少なくない。玉ねぎは炒めるのか、生のままか。パン粉を入れてふっくらさせるか、あえて入れずに肉そのものを味わうか。フライパンだけで焼き上げるのか、オーブンを使うのか、はたまた煮込んでしまうのか。これにソースの有無や種類を加えたらバリエーションはほぼ無限と言ってもいい。

　うちでよく作るのは、こんな感じだ。合挽き肉２５０グラムに小さじ１弱の塩を加え、粘りが出るまでよく練る。そこへ粗めに叩いた牛肉１５０グラムを足して、さっくり混ぜる。玉ねぎは１/４個をみじん切りにしてほんのり色づく程度に炒めて冷ましたもの。大さじ１のパン粉を牛乳でしっとりさせたもの、溶き卵１個分、ナツメグ小さじ１/３、黒胡椒小さじ１/２を全部肉に加え、均等になるまで混ぜる。フライパンでしっかりと両面に焼き目をつけたら、あらかじめ温めておいたオーブンか、魚焼きグリルへ入れて、中まで火を通す。

　倍量で下ごしらえし、小さめの小判型に焼いたものを冷凍しておくこともある。買い物する時間がなくても、作る気力はないのに手料理が食べたいときでも、自家製ハンバーグが冷凍庫にあれば天国だ。小鍋にトマト缶をジャッと開け、凍ったままのハンバーグを入れてから火をつければ、加熱と解凍が同時にできて手間いらずだし、センサーとタイマー付きのコンロなら、煮込んでる間にサラダだって作れる。もちろんレンチンだけでもＯＫ。目玉焼きなんか添えたらもう完璧じゃないか。

恥ずかしい食べ物、かっこいい食べ物

おおっぴらに言えないけど好き、という食べ物がある。なぜおおっぴらに言えないかというと、その食べ物をかっこ悪いと思っているからである。そんなものを好きな私と思われるのが、恥ずかしいと思っているからである。残念ながら食べ物には、かっこいいものとかっこ悪いものがある。そして誰しも人前ではかっこつけたい。にんげんだもの。

食べ物に貴賤はない。上下関係もない。あるのは、自分にとってうまいかマズイかだけである。だがわかっていても我々は「しょっぱい塩ジャケの皮でどんぶり飯わしわし」より「サーモンのミキュイ〜オゼイユソースで」のほうがかっこいいと思ってしまう。「昨夜はコンビニ飯を食い散らかしたの」とは言えずに「作り置きのキャロットラペを食べたの」と嘘をついてしまう。仕方ない。にんじんだもの。

もちろんそれは主に、オフィシャルな場でのことである。仕事中に部長から「○○くんの好物は何かね」と問われたりした場合のことである。そんなときに「グラタンのよく焼いた端っこの、グラタン皿にこびりついたところです！」と答えることはできない。「冷めてしなしなになった春巻きにカラシをベッタベタにつけたやつです！」とも言えない。無難に「カルボナーラです」とか「餃子が好きです」がいいところだ。まあ会社の部長というものが、仕事中に好物を尋ねてくる僥倖なんてものが、世の中にあるのかよくわからないけれど。

今はB級グルメどころか、C級、さらにはZ級なんて称される食べ物にも、それぞれのファンがいる。ちょっとネットをさわれば、それが見える。なので昔ほどには「こんなものが好きだなんて人に言えない」なんてことは減ってきているのかもしれない。

でも「人に言えないひそやかな楽しみ」はある。きっとある。私もある。そして人は何を恥ずかしがるかも、ちょっと気になっている。なので何年も前から、私はことあるごとに「人前でおおっぴらに言えないけど好きな食べ物ある？」と人に尋ねてきた。あるある。みんな、何かしらの「ちょっと恥ずかしい好物」をお持ちである。それらは大きく三つのカテゴリーに分けられる。

誰もいないところで、一人でやるしかない

まず一つは、安いので恥ずかしい場合だ。

これは安いものが恥ずかしいのではなく、安いものを好む自分が恥ずかしいのだ。「そんな安っぽいものが好きだなんて、どんなお育ちをされているのかしらホッホッホ」と言われやしないかと不安になるのだ。だが高価なものを好んでみせたところで、誰かが「お金持ちの子みたいでかっこいい」と思ってくれるわけではない。仮に「お金持ちの子だからカッコいいと思うような人」がいるとしても、そんなやつとは友達になどなりたくない。冷静に考えれば、それくらいわかる。それでも毎回「こんな安いものが好きな自分」に臆してしまう。

友人は「場末の安居酒屋で出てくる、具なしマカロニサラダの中にかろうじて見つけたキュウリのかけら」が好きなんだそうだ。中濃ソースをたっぷりかけて茶色くなったサラダ、こんなとこにいるはずもない緑のかけらを見つけるのが、至上の喜びなんだそうだ。なんだそんなものかと思ったが、本人はえらく恥ずかしそうだった。今まで賛同者はほぼいないとのこと。そうかなあ。

二つめは、お行儀が悪くて恥ずかしい場合だ。

自分の舌を信じて好きなように構築すると、ときに美しい食事作法からは大いに外れることがある。以前聞いた「俺の恥ずかしい納豆の食べ方」は、有識者からはかなりの顰蹙《ひんしゅく》を買う予感がする。納豆をごはんにかけ半分は普通に食べる。残り半分になったらマヨネーズとふりかけ、醤油をかけてぐちゃぐちゃに混ぜる。そして最後のふた口はお湯をさして、ずぶずぶのじゅくじゅくにする、というものだ。

わかる。気持ちはわかる。私も「しょうが焼きの皿に残った汁気にごはんを入れぐちゃぐちゃにして食べる」のが好きだもの、気持ちはわかる。でもコレはなかなかハードルが高い。こんなこと義母の前ではまずできないし、友達の家でやっても驚かれるだろう。誰も見ていないところで、一人でやるしかない。まさに「人に言えないひそやかな楽しみ」と言える。

三つめは、しょもなくて恥ずかしい場合だ。

「しょもない」とはこの場合、ちゃんとした料理というにはいい加減で、流動的で、カテゴライズしにくい料理のことだ。主に家庭で作られる「名もなき料理」「名前のつけようがない料理」をさす。例えば「あの、肉を適当に切って、野菜……玉ねぎとかあれば……なくてもいいんだけど、シイタケでもいいし……え、シイタケと玉ねぎは似てない？　まあそれはそうなんだけど、どっちでもいいんだ。そして春雨をあとで入れるんだけど、先に入れてグズグズにしてもいいし、そこで玉ねぎ入れてもいいし、玉ねぎじゃなくてシイタケでもいいし……え、シイタケと玉ねぎは似てない？　さっきも言った？　まあそれはともかく味つけはたぶん醬油……いや、めんつゆかな……見た目は悪いんだけど……黒いし……でもそれが大好物なんだ」というようなものである。友人家のソウルフードであるコレを私は食べさせてもらったことがあるが、プロの立場からしても、非常にネーミングしづらい料理であった。おっしゃる通り、確かに見た目は悪いし、人前では言いづらい。かっこいいかどうかと問われたら、しょもなくてかっこ悪い。だが家の料理というのは、だいたいがこんなようなものだ。それがおいしくて好物だというなら最高じゃないか。

　ここでオットにも「何か恥ずかしい好物はないか」と尋ねてみた。オットの性格上、安っぽくてもあまり恥ずかしがることはないのだが、強いて挙げれば「ナトマ」だという。なんだそれ。「納豆にマーガリンと醬油を混ぜて、ぐちゃぐちゃにするものだよ。これは絶対バターではダメで、安っぽいマーガリンであればあるほどいいの」。ふむ。恥ずかしさ指数はそれほどでもないが、ちょっとおいしそうだな。今度やってみよう。

　もちろん私にも「おおっぴらに言えないけど好き」なものはある。ダサくて、安っぽくて、お行儀悪くて、名前のない好物がある。それは……

　言えるか、そんな恥ずかしいこと。

私の“恥ずかしい料理”のレシピ

我が家の「しょもなくて名前のつけようがない料理」をひとつ紹介しよう。カルボナーラやケーキなどを作ると、卵黄だけ使って、卵白が余ることがある。そんなときに必ず作る料理である。もう何十年と作っているのに、いまだに名前がつけられない。

卵の白身……あるだけ／ひき肉……好きなだけ／青ネギ……好きなだけ／油、醬油、塩

フライパンに油を熱したら、まずひき肉を炒める。完全に火が通ったところで軽く塩をし、下味をつける。そこへ白身を入れ、一緒に炒め合わせる。白身はぷるぷるしているほうが美味しいと私は思うので、完全に火が通るちょっと前に火は止めてしまう。器に盛り、青ネギをトッピング。醬

油をたらっと回しかけていただく。

卵白は冷凍しても劣化しないので、少しでも余ったらすぐ冷凍しておくといい。ひき肉も安売りのときに買って冷凍しておくのは、みなさんもよくやっていることだろう。今日は買い物に行けない、家にあるものだけでごはんを作るという場合も、卵白とひき肉さえあればもうこっちのものだ。解凍したらすぐできる。いや、解凍なんて待てないという貴兄は、凍ったままフライパンに入れちゃってもいい。どうせそのうち熱が通る。ごはんは進むし、酒の種類も選ばない。しょもないけど、有能なのだ。

ひみつの味噌汁

「誰にも見られてない？」

「うん、気づかれてない。今だ」

けっこう広い食堂の壁際すみっこに席をとった私たちは、目立たぬようひっそりとランチを開始した。といっても見られて困るのは私ではない。Rちゃんのほうだ。

うちの味噌汁は変わってる、と彼女は言った。変わってるなんてもんじゃないかも、とも言った。今日は社員食堂の定食やおかずを使って、その「変わってるなんてもんじゃない、ひみつの味噌汁」を再現してくれるという。ただし誰かに見られるのは困る。なので社食のすみっこの、柱の陰に隠れるような席に我々は陣取った。

「見られたら？　そうだなあ、まず何やってんの！って驚かれるだろうね」

「礼儀とかにうるさい人だったら、食べ物を粗末にするんじゃなーい！って怒るかも」

ああ、本当にその通り。まさに私がそれだった。目の前で「R家の味噌汁」の再現が始まると同時に「何やってんの！」と驚いた。次々と重なる蛮行に「食べ物を粗末にするんじゃなーい！」とも思った。目立たないようにすみっこに座ったのに、もう少しで大声が出るところだった。だって彼女の味噌汁は、予想をはるかに超えるすさまじいものだったからだ。

そのとき社員食堂で注文したのは、鮭のムニエル定食だった。Rちゃんはまず味噌汁の中に、鮭のムニエルを入れた。半分にするとかではない、そのまま、切り身丸ごとである。次に付け合わせのじゃがいもを、鮭の横に沈めた。ほうれん草のおひたしも、たくわんの細切りも、レタスも、プチトマトも、小鉢で付いてきた切り干し大根の煮物も、すべて味噌汁の中、もしくは鮭の上に積み重ねられた。

「う〜ん、これじゃまだ全然なんだけど、一応こんな感じです！　ジャーン、R家の味噌汁！」

小さな味噌汁椀はもう、たっぷんたっぷん満潮である。だが社食の中でという制限があったため、今回はこれくらいで勘弁してやるという。本当のR家の味噌汁は、ラーメン二郎のラーメンのようにそびえ立っているらしい。肉と野菜と魚がモリモリと重なり合い、ときに漬物や納豆までもトッピングされているらしい。家では本当に、一切のタブーなくあらゆる食材が味噌汁につかっていたという。

そもそもR家は、母以外みんな好き嫌いが激しく、少食だったそうだ。R父は「食事なんてものはそのうち錠剤で済むようになる」が口ぐせだったし、R兄弟もお菓子だけ食べてればゴキゲンだった。そこでR母は、数多くの料理を食卓に並べ「これだけ作ればどれかは食べられるだろう」作戦に出た。そう、食の細かった徳川家光に春日局が出したという「七色飯」の現代版だ。だが局の努力むなしく、家族の偏食は一向に良くなる気配はなかった。

あのころインスタグラムがあったなら

実は私も幼きころは偏食で少食だったから、Rたちの気持ちはわからんでもない。偏食者にとって「食べる」というのは、なかなか超えられないハードルだ。つまり料理が増えるということは、ハードルが増えて負担が増えるということでもある。目先が変われば食べられることもあるが、「食べられない」という失敗体験を増やすばかりにもなりかねない。そこはなんとも難しい。

そこでR母は、まったく逆の方法を使うことにした。具だくさんの味噌汁を作り「今日は、この味噌汁さえ食べればいいから」と、ハードルを一つだけにしたのだ。その代わり味噌汁には、その日摂取してもらいたい栄養をできる限り詰め込む。肉も、野菜も、魚も、載せられるだけ載せる。かけられるだけかける。そうやってR家の味噌汁は独自のデザインになっていったという。

母の作戦はあたり、まんまと家族は食べるようになった。Rからはその後何度も「見て～昨日の味噌汁はひときわすごかったよ」と写真を見せてもらったが、毎度モリモリのたぷたぷで、ブレないあっぱれ味噌汁だった。最近は「平素の食事は具沢山の汁だけでいい」と提唱する料理家も増えてきたが、あのR家の味噌汁ほど常軌を逸し……いや、爆盛りの味噌汁は見たことがない。あのころインスタがあったら、R母は相当なフォロワー数を獲得していただろう。「R家のお味噌汁」という本も出版されていたに違いない。

味噌汁は、作り手によってまったく違う料理になる。「同じ名前なのに内容が違う選手権」

があったら、お雑煮を抜き去って堂々の一位になるだろう。土地によって、家によって、年代によって、人によって、味噌が違う。だしも違う。具も違う。「味噌汁の具で好きなものはなんですか」などという、一見のどかな質問も、よくよく考えたらまったく違う土俵で戦うものを無理やり比較する、かなりご無体な質問なのだ。

そして「違う土地に住んで困る料理選手権」があったとしても、これまた味噌汁が堂々の一位となるだろう。人が移住先の土地について「だいたいは住めば都だけど、味噌だけは口に合わない」という愚痴をこぼすのを、私は何度も見聞きしてきた。A地方の人はB地方の味噌をくさいといい、B地方の人はA地方の味噌をくさいという。つまりどちらも本当はくさいのではなく、ただどうしようもなく口に合わないのだ。

「自分が好む／使っているものが正統で、他は亜流」と考える人が多いのも、味噌界隈に多いように思う。名古屋はもちろんのこと、仙台で、金沢で、長崎で、それぞれの土地の味噌が正しくて、他は邪道と言わんばかりの事態に出会ったことは、冗談だとしても一度や二度ではない。長野などその最たるものだ。信州味噌が日本の王道、日本の当たり前、もちろん全国民が信州味噌使ってるんでしょ？と信じて疑わない。長野の義母は人の外見や好みなどで差別しない良き姑なのだが、私が「九州出身なので甘い麦味噌の味噌汁が好き」と言ったときだけは「味噌汁が……甘い……？」と苦虫を噛みつぶした表情を浮かべてしまった。信州味噌王国に刃向かう逆賊がいるとは、思ってもみなかったのだろう。

R家とは比べ物にならないが、私も味噌汁の具はかなり多い。今のオットと結婚して最初のころは、味噌の好み以外にも、具の量についてかなり激しい戦いがあった。「具が多すぎる」というオットに対し「うちの実家はもっと多いわ！」と答えにならない暴言をよく返したものだ。今はオットに汁気多めでよそい、自分には具を多くよそうことで平和を保っている。早くそうすればよかった。

だが味噌汁の具が多い家なんて、SNSをのぞけばごろごろある。「なめこしか見えない味噌汁」とか「ワカメ山盛り味噌汁」とか「じゃがいもの味噌汁と本人が言うからそうなんだろうけど、どう見てもじゃがいもの煮物」とか、ツワモノがいっぱいいる。

具の種類もいろいろだ。私にはカマボコ味噌汁とか、ミズ味噌汁とか違和感しかないが、私がよく作る「生のりとエノキと天かす」とか「ベーコンとほうれん草」なんてのも他人から見たらどうだろう。うちの当たり前は、よその非常識。味噌汁だけの話ではないけれど。

Rちゃんがうちに泊まりに来たとき、朝食にそのベーコン味噌汁を出した。ひとくち飲んで、彼女は言った。

「なんだか生意気な味ね」

以来、この味噌汁はお気に入りだ。

ベーコン味噌汁のレシピ

若いときから私は割と、味噌汁の冒険はしてきたほうだと思う。いろいろな具材を試してきた。いろいろなダシも試してきた。高校生の時に考案した「ベーコンとほうれん草の味噌汁」は、その後何度もブラッシュアップを重ね、今ではパンツェッタとエソの煮干しで作るのが好きだ。

作り方を教えるほどのものではないが、こんな具材も味噌汁になるのだと世界が広がってくれれば嬉しい。

ベーコン／ほうれん草、小松菜など緑の野菜／味噌／バターやオリーブオイルなど

ベーコンをフライパンに入れ、脂が出てこんがり焼き目がついたら、野

菜を入れ脂をからめるようにさっと炒める。あらかじめ適量の味噌を溶いた味噌汁の中に入れる。

ベーコンの脂がまわった野菜が味噌と合う。キャベツや白菜などの白っぽい野菜でもいいが、苦味のある葉物が一番ぴったりくるように思う。菜の花や葉タマネギで作るのもお気に入りだ。めちゃくちゃうまい。

母親のチャーハン

「おふくろの味」というとひと昔前は、醤油味の煮物みたいなものをさすことが多かったが、もう私くらいの世代でも母親は和洋中いろいろな料理を作っていた。そのせいかあまり煮物に郷愁は感じないし、むしろ肉じゃがなんて、母親のレパートリーにあったかどうかも疑わしい。たぶん東京に出てきてからのほうが、肉じゃがをたくさん食べているように思う。

私にとっておふくろの味と呼べるものはたくさんあるが、そのひとつがキャベツをバターで炒めたものだ。母親は料理の得意な人だったから、これを読んだらさぞかし驚くだろう。そんな料理とも言えないようなものを挙げるなんて！　あんなに凝った料理をいろいろ作ってあげたのに！と激昂するだろう。だがこういうなんでもない料理にこそ、個性が出ると私は信じる。

味つけは塩だけか。胡椒も入れるのか。醤油やソースという選択肢もある。シャキシャキとクタクタの、炒め方の違いも大きい。そしてキャベツだけなのか、それとも他に具を入れるのかは非常に大きな問題だ。

家庭料理というのは、フレキシブルが取り柄だと思う。特に、本来のレシピにない素材を加えることは、よくあることなのではないだろうか。私自身、麻婆豆腐に昨日の残りのブロッコリーを入れたりする。中途半端に余った材料全部ごちゃ混ぜぶち込み系カレーもよく作る。そんな事例を集めたくて、昔から事あるごとに周囲に尋ねて回っている。すると、やはりというか案の定というか、チャーハンを推す声が圧倒的であった。

チャーハン（炒飯）とは読んで字のごとく「飯を炒めたもの」である。とりあえず飯を炒めればチャーハンを名乗っていい。手っ取り早い料理として、また残り物をうまく食べる方法として、チャーハンは最適だ。自炊を始めたばかりの初心者でも見よう見まねでなんとか作れるし、どんなにコメがまずくても、炒めればそれなりに食べられる味にはなる。今月はお金がピンチというときでも、コメと少々の具さえあれば一食のかたちになる。

だが、その「少々の具」が問題なのだ。チャーハンには吸引力がある。あらゆる具を引き寄せてしまうのである。

かつて隣のキッチンの音がまる聞こえの家に住んでいたことがあった。部屋でボーッとしているだけで、隣家のいろんな情報が飛び込んでくる。今日のおかずの内容だけでなく、まだ小さい子どもが二人いて、親子揃ってゆっくり食べられる朝食は週末だけ、なんてことがわかってしまう。その土曜朝の恒例が、残り物チャーハンだった。平日の残り物を刻んで具にしたチャーハンを、まとわりつく子どもたちとキャッキャ言いながら作っている様子をうかがっていると、なんとも幸せな気持ちになったものだ。

なぜ残り物とわかるかというと、まず炒めているときの匂いが毎回違うこと。それに対して子どもたちがいちいち寸評を下すことにある。今日はソーセージ、そしてネギ……む？　この香りはなんだ？　と推理していると、子どもが「ヒジキ！　ヒジキ！」と騒いでいる。それで海藻と醬油の匂いだったかと、答え合わせができる。

「じゃがいもはチャーハンに合わないよ」という声も聞こえたりする。昨日は肉じゃがが残ったのだろう。「カレーはいいけどピーマンはダメ」とダメ出しされていることもある。ふふふ、カレーでピーマンをマスキングする作戦は失敗かな。また「カマボコが入ってるー」という声も多かった。するとたちまち私の脳内は、実家のチャーハンを思い出すことになる。

練り物屋の娘だった母は、冷蔵庫を練り物だらけにするクセがあった。自分でもよく買うし、長崎の祖母からも大量に送られてくるため、冷蔵庫はマジの本気でパンパンだ。冷蔵庫の扉を開けると、ドサっとカマボコやらさつま揚げやらが落ちてくるのは、一度や二度の話ではない。なので当然チャーハンにも、せっせとカマボコやらさつま揚げやらを刻んで入れることになる。

このカマボコ入りチャーハンもまた、私にとってのおふくろの味だった。たまに作ると胸が熱くなる。

チャーハンに入れるステキなサムシング

ところがオットには、カマボコがチャーハンに入るという発想はないらしい。カマボコを入れるなんて、突飛でリスキーでアバンギャルドで、そんなの聞いたことないという。じゃあ君の実家は何が入っていたのかと尋ねると、野沢菜漬けとか、○○漬けとか、なんとか漬けだという。「ごく普通だろ」という。そう、これが家チャーハンの真骨頂なのだ。

いろいろ聞いてみると、チャーハンにステキなサムシングを入れてしまう親は多い。以前友人も「なんでオカンは焼き飯にカマボコを入れてしまうのか問題」についての考察を巡らせていた。私の答えはこうだ。「冷蔵庫にカマボコを余らせるオカンだったから」。余らせるということは、よく購入するか、よくもらうかのいずれかだ。何が余るのかは、オカンによって違う。生まれ育った環境もあるだろう。好き好んで買いまくった歴史もあっただろう。カマボコしかり、野沢菜しかり、だ。

それぞれの人に、それぞれの人生を反映したチャーハンがある。残り物には福があり、残り物チャーハンには愛がある。私の残り物チャーハンは何だろう。ただ、これは自分ではわからないものかもしれない。なにしろ自分が好き好んで買いまくる物は、いつでも「ごく普通」で、変わったとこなんて見当たらないのだから。

カラカラチャーハンのレシピ

チャーハンにするにはごはんが少し足りないとき。また、チャーハンだけでは野菜が足りないかなと心配なとき。うちでは「カラカラチャーハン」を作る。カラカラチャーハンとは、辛くてしょっぱいチャーハンをレタスで巻いて食べる料理の、我が家の呼び方だ。具材はなんでもいい。あなたの家の残り物を、好きに入れればいい。重きを置くのは味つけだ。辛さの方向性と、具材の種類により無限のカラカラができる。うちでよく作るのは、例えばこんな感じだ。

一つめはカレー味である。あえて塩味をしっかりつけ、カレー粉やスパイスも多めに使い、強い味に仕上げる。

もう一つよく作るパターンは、豆板醬やコチュジャンなどの唐辛子味だ。これまた塩味も辛味もしっかりつけて、それだけで食べるには強すぎる味にする。レタスは水洗いし、葉を食べやすくはがして食卓の真ん中に置いておく。あとは各自、レタスの上に少量のカラカラを載せて、くるりと巻いて食べる。自分で巻くのがちょっとした楽しさとなるので、人が集まったときにも喜ばれる。両方のカラカラを作れば、カレーの黄色と、唐辛子の赤がちょっと華やかでもある。

くずし餃子の野菜炒め

餃子を包んでいると、Kちゃんのことを思い出す。

Kちゃんは高二の春、東京の予備校の春期講習で出会った子だ。あのとき私は勉強するというより東京で暮らしてみたくて、親を言葉たくみに説き伏せ、まんまと予備校が推奨する合宿所のようなところで二週間ほど寝泊まりすることになった。新宿へも原宿へも歩いて行ける、都会のど真ん中ライフ。しかも親元を離れての擬似一人暮らしときたもんだ。私のテンションは高く高く舞い上がり、ふだんはそんなキャラではないのにやたら同じクラスの人に声をかけ、やたら浮かれて過ごしていた。そんな中たまたま席が隣同士になり、話がはずんだのがKちゃんだった。

私が大好きなマンガをKちゃんがカバンの中からのぞかせていたのがきっかけだ。思わず

「ねえ、私もそのマンガ好きなの」と話しかけた。「え、嬉しい。どの登場人物が好き？」「私はねえ……」と、スキモノ同士の会話がめちゃくちゃはずんだ。休み時間中ずっと早口機関銃トークが交わされ、次の授業が終わるとまた話の続きをし、一日の授業が終わっても学校の入口でずっと立ち話をしていた。

するとと彼女が「ねえ、今からうちに来ない？」と、甘い誘いをかけてきたのだ。確かにもう我々は、かなり離れがたいことになっていた。話は尽きることがない。もう少し話したい。明日の予習よりも、タダとフロルの明日について語るほうがずっと大事な気がする。しかも彼女の家はここから近いという。

「じゃあ、お邪魔しようかな」

「うんそうしなよ。うちでごはんも食べていけばいい」

さすがにそれは悪いなと思った。ただ遊びに行くだけならともかく、ごはんを食べるとなると、ちょっとおおごとだ。晩ごはん用の肉が家族の人数分しか買ってないかもしれないし、他人の分のごはんまで作る気力が、家の人にあるかどうかもわからない。そういうことにはゆるい家もあるが、ともかく行く前に家に電話しなよ、と私は提言した。すると彼女の答えは少し意外だった。

「あー全然平気！　うちの親って基本的に留守がちだから、全然大丈夫。うるさくいう人は誰もいないから、来ちゃえばいいよ」

私の親はとても口やかましかったので、留守がちで、うるさくいう人がいないというフレーズはとても魅力的に響いた。Kちゃんの家は、今でこそダガヤサンドウなどともてはやされ、センスの良すぎる選民ショップが数多く存在するあたりだが、当時は地味でちょっとダサめな住宅街という様相で、田舎から出てきた私は「せっかく東京に来てるのに、都会にいるって感じがしないな」と失礼なことを考えながら歩いていた。車通りから路地を曲がり、さらに細いけもの道のような通路の先に、その家はあった。

生肉は怖くて扱えないから

中に入って驚いた。子どもがたくさんいたからだ。幼稚園から小学生、中学生と全部で五～六人いただろうか。すべてKちゃんの兄弟だという。あっちで宿題やったり、こっちでケンカしたりと、非常に騒がしい。しばらくジュースを飲んだり喋ったりしていると、Kちゃんが「じゃあごはんを買いに行こう」と言う。

「え、まだお母さん帰ってきてないけど」

「うん、あまり帰ってこないよ」

Kちゃんからはその後も顔を合わせれば「今日も遊びにおいでよ」と強く誘われた。二週間の講習のうち一〇回くらい、つまりほぼ毎日お邪魔していたことになる。そうしてわかったことは、ご両親は「留守がち」なんてもんじゃないということだ。マンガを読んでいてかなり夜遅くまで家にいた日もあるが、一度も顔を合わせたことはない。どうやら交互にふらりと帰ってきては、お金を置いてまた出て行ってしまうという話だった。Kちゃんは長女で、お金が入ると弟妹たちを連れてスーパーへ行き、好きなものを買い散らかす。唐揚げと、唐揚げと、唐揚げを買ったりする。お金がなくなると自炊めいたことをする。それの繰り返しが彼女の生活だった。

その自炊がちょっと変わっていた。チルドタイプの餃子をくずして、肉がわりに使うのだ。

「ちょっとなに言ってるかわかんない」

料理好きな人ほどそう思うだろう。だがこれは、誰からも教えてもらえず、お手本とする身近な大人のいない女子高生が、生きるために生み出した素晴らしい苦肉の策だったのだ。肉だけに。

料理の知識くらい、家庭科で習うと思う人もいるだろう。本を読めば簡単だと思う人もいるだろう。だがまったくなんの知識もない未踏のジャンルを、本を読んだくらいで理解できるだ

ろうか。年に数回しかない実習で、身につくようになるだろうか。だったら私はとっくに編み物の名人だし、さかあがりだってとうにできているはずだ。まったくわからないことは、何がわからないかがわからない。何を知らないのかを知らない。調べ方もわからないし、まして応用なんてことは夢のまた夢だ。だから彼女が家庭科レベルの知識から、オリジナルの技を生み出せたのは、驚異的なことだったと言っていい。

生肉を買って何かするのは、怖くてできないと言っていた。チルド餃子を使うのは確か「火が通ってないのを心配しなくていいから」と。もっと聞いておけばよかった。

当時の私はただ「すごい、すごーい」と、彼女の冴えたやり方に感動し、親がいなくて羨ましいと思い、自分の好き勝手にスーパーで買い物できることにひどく憧れた。それが何を意味するのか気づいていなかった。ずっとあとになって、かなり大人になって、あれは子どもを育てられない親だったのだと、ハッと気づいたのだ。そんなことは他にもたくさんあるけれど。

二週間遊んだうち、絶望的にお金がなく自炊した日は二回やってきた。最初に作ってくれたのは「くずし餃子の野菜炒め」だった。二回目は「くずし餃子とミックスベジタブルの鍋」だった。他にも「くずし餃子ごはん」とか「くずし餃子の肉じゃが」などにも応用ができると教えてもらった。「天才かよ」と思っていた。今でも思っている。

レシピ

くずし餃子的肉そぼろのレシピ

料理をする人であれば、いちいちチルド餃子を買ってくる必要はないが、それでも応用のきく肉そぼろを作っておくと何かと便利である。野菜のみじん切りをたくさん入れておけば、今日の野菜不足を心配しなくてもいいし、火を入れてから保存しておけば、火が通ってないのを心配する必要もない。和洋中3パターンを気分によって作り分ければ、かなり便利である。

和食方向で使いやすいのは「鶏ひき肉、干し椎茸、にんじん、醤油味」だ。そのままごはんに載せて食べるだけでなく、混ぜ込んでもよし、すし飯にもよし。卵焼きの具材にも、豆腐の上に載せてもいい。春はタケノコ、秋はキノコを入れると気分も出るし、ぐっと旨味も増す。味噌を隠し味にするのも好きだ。

洋風にしたければ「合挽肉、玉ねぎ、にんじん、セロリ、ニンニク、塩コショウ」の組み合わせがいい。このパターンを作っておくと、オムライスのハードルがグッと下がる。カレーやシチューを手っ取り早く作ることもできる。洋風の何かを作っていてイマイチ味が決まらないときも、これを入れると味だしになる。

中華っぽい感じが良ければ「豚ひき、ネギ、にんじん、ニンニク、生姜、醤油、オイスターソース少々」の組み合わせが間違いない。チャーハンは王道、野菜炒めにも抜群の相性を見せる。春巻きの皮にキャベツかもやしと一緒に包んで揚げ焼きすれば、面倒な春巻きも5分でできる。これはオットの好物でもある。

スリランカには「コットゥロティ」という、小麦粉で作られた皮と野菜を切り刻みながら炒め合わせる料理がある。これを初めて食べた時は驚いた。Kちゃんの「くずし餃子の野菜炒め」とまったく同じ見た目だったからだ。スリランカでは専用の器具で切り刻んでいくが、Kちゃんはしゃもじで餃子を激しくつついて、皮を細切れにしていた。世界には同じ顔の人が三人いると言われるが、同じ顔をした料理も三つあるのかもしれない。

父のコンビーフ

まだスマホのない時代、活字中毒を自覚する人間は「その日に読む本」を携帯するのが命の次に大事なことだった。

大げさな話ではない。その日に読む本がなければ、どうやって一日を過ごせばいいのか。電車にも乗れないし、喫茶店にも入れない。ちゃんと本を持参していたとしても、残りページの量によってはうっかり読み切ってしまうこともあるため、予備の本も欠かせない。当然カバンは重い。うっかり本を忘れたときは大変だ。電車の中では隣の人の本や新聞を盗み見してなんとかやり過ごすが、ランチどきになるといち早く飛び出して、まず本屋へ直行する。だって手ぶらでは飲食店へは入れない。注文してから料理が出てくるまでの無為な時間を過ごすためには、本がなくてはいられない。なのでまず本屋へ行く。そして本屋ですっかり夢中になってしまい、結局食べる時間がない！　どうしよう！とあせるところまでがセットである。活字中毒あるあるといえる。

私の本好きは、父ゆずりである。といっても「本を読め」と強制されたことは一度もなく、ただ家に本が山のようにあり、ただ四六時中読書をする父の姿があっただけだ。彼の本棚には興味深い本がたくさんあり、一人暮らしをするときに勝手に持ってきた本が何冊もある。また発売日に本を買って帰ると、父が同じ本を買って帰ってきたことも何度もある。私の大好きなミステリとSFにはあまり興味を持ってはくれなかったが、何より大きな共通の趣味が我々にはあった。それは「食」の分野である。

戦前の生まれだったから、特に幼いころは、およそ食生活に恵まれていたとは言えなかった。おまけに父の実父である祖父には家庭が二つあったため、家族に恵まれているとも言いがたかった。父は本妻のほうに一六年ぶりにできた子で、その祖父も父が学校に上がるかどうかのころに亡くなった。久しぶりの子どもということもあって祖母には干渉されすぎていて、兄姉とは一六歳も離れていたからあまり話もあわず、人生は「ドラクエ5」並みに厳しい幕開けだったと思われる。その人生に寄り添ってくれたのが、本だ。父は若いころから本の虫だった。さまざまなジャンルを読み漁ったが、食への興味は最初からとてもあったという。父は本の中の未知の食材や料理に想いを馳せ、どんな味がするのだろう、いつか食べてみたいものだと切望していた。一〇歳の育ち盛りで終戦を迎え、何もないところからみるみる世の中にモノがあふれていくのを、どんな熱い目で見ていたことだろう。祖母と二人暮らしの家にもみるみるモノ、いや本があふれていく。大学に進むと古本屋通いも堂に入り、さらに多くの本が家の中に入り込む。ある日彼がたまたま手に取ったのが、アメリカの料理雑誌だった。そこには夢の世界が広がっていた。清潔で大きなキッチンで焼かれる、山のように大きな肉塊。色とりどりの鮮やかなデザート。見慣れたはずのカボチャですら、光り輝いて見える。父はひと目で夢中になり、「男が料理の本を買うなんて」と激しく葛藤しながらも、新しい世界をのぞく誘惑には勝てず、とうとう購入してしまった。当時の日本は女性ですらもまだまだ「お料理を楽しみましょう」という余裕はなかったため、父はこのひそかな楽しみを大っぴらにすることもなく、空想の中でのみ外国の豊かな食事に憧れていたという。

結婚して家族が増えても、父の本好きと食への興味はますます激しくなるばかりだった。彼の人生に名前をつけるとしたら「ブッキッシュ街道」ということになろうか。父はずっと本の上を歩いていた。本から知識を得、本によって喜怒哀楽を知り、あらゆる言動が「今読んでいる本」に影響されていた。そしてどんなにマジメな本を読んでいても、必ず食べ物がらみの方向へ興味が移っていくのも毎度のことだった。インドのヒジュラについての分厚い本を読んでは「写真の背景に写っている食べ物っぽい何か」が気になり、スパイシーだけどカレーではない料理について調べる。ディズニー帝国の黎明期を描いた本を読んでは、アメリカの遊園地で食べられるファストフードに夢中になる。ゴリゴリの経済書を読んでいるときですら、日本経済の話からいつの間にかビジネスマンの聖地・新橋のランチがおいしいという話へとモーフィングしている。そんな連想ゲームのような本の読み方は終生変わることなく、父の本棚は頭の中を写し取ったように、他人にはわからない謎のルールで並べられていた。パッと見はジャンルも国籍も作者も関係なくグッチャグチャだったから、知らない人が見たら「なんだこの混沌の極みは」と思うだろう。だが少しでも触ろうもんならすぐ気づかれてしまい「順番を崩した」としてめちゃくちゃ叱られたものだ。まあちゃんと元のところに戻しておかない私がいけないのだが。

祖母に溺愛されて育った九州男児だから仕方ないのだが、家事としての料理は一切しなかった。彼にとってそれは女の仕事で、男がやるべきことではないからだ。だがいわゆる「男の料理」は大好きで、家には昔から「男たるもの、女のようにちまちまとした料理など作らず、家計を気にせずドカンと肉を焼け」だの「男たるもの、酒肴のなんたるかを理解しない女房はほっといて」だの、今の世の中ではジェンダー的にとてもまずい感じの本がたくさんあったものだ。作家や文化人が紹介する頭でっかちな「男の料理」は大変に能書きがうるさく、偉そうな文章に私は辟易としていたが、同じく頭でっかちな父にはそこがぴったりハマったのだろう。

「俺も水上勉みたいに信州の別荘でひとり、七輪を前に酒を飲みたかけんね」などと無茶を言いながら、ページのあちこちを折り、書き込みをし、知識を自分のものにしようとしていた。今それらの本のほとんどは私の家にあるのだが、まだ若かった父の青くさい書き込みがたまらなくいいのだ。今どきの言葉で言うなら「イキって、ちょっと偉そうなこと書いちゃったツイート」みたいで、ニヤニヤが止まらない。そんな恥ずかしいものを娘に読まれてると知ったら、天国の父はさぞかし怒髪天だろうが、これは娘の特権だ。何度でも読み返す。何度読んでも飽きない。お腹はいっぱいだけどまだもう少し飲みたいとき、酒の肴がわりに書き込みを読む夜すらある。自分勝手で、食べることに貪欲な男の本音に苦笑しながら飲む酒は格別だ。

男の料理、外国の料理、本で知識を突っ込んだ料理の三つが父の「食」だった。晩年は日本酒と近海の魚を静かに愛する飲み方を好んでいたが、若いころはとにかく肉、肉、そして肉。もちろんどんな肉料理にも男のこだわりと、一家言と、譲れない思いが欠かせない。焼肉をするというと、隣町まで自ら肉を買いに行く。当時は珍しかった羊肉や、内臓なども積極的に食べてみる。今でいう「シャルキュトリ（加工肉）」に夢中だった時期もあった。そのころは週末になると誰にも言わずにふらりと出かけてしまい、家族中で「いったいパパはどこへ行ったんだ」と心配も最高潮に達したころにまたふらりと帰ってくることがよくあった。大抵の場合、手には東京のこだわりショップで購入したという、無添加のハムやらソーセージやらがどっさり握られている。本格スモークベーコンの塊を二キロもぶら下げていたりする。赤ウインナ全盛時代に、無添加・無着色のそっけない色合いのハムソーセージはかなり衝撃的だったが、私は最初から魅せられた。父が大事に大事に食べているのを知りながら「ちょっとだったらバレないだろう」と、こっそりひとくち食べ、もうひとくち食べ、あと少し、あと少しが止まらずとうとう「証拠隠滅しちゃえばいい」と全部食べてしまって「ベーコン食べちゃったのは誰だ！」と叱られたことは一度や二度ではない。イタリアンサラミでもやった。一本隠滅した。

そんなシャルキュトリ時代のある日、父が「コンビーフを作ってみるか」と言ってきた。

私は中学生だったと思う。その年はなぜか母が、自分の実家で正月を過ごすと言って長崎へ帰ってしまった。弟と妹は一緒に連れて行かれ、私と父だけが残された。私は思春期真っただ中で、父とは何かにつけ衝突ばかり。父の一挙手一投足が気に入らなかったし、父のあとの風呂には入らなかったし、口をきけばムカムカして「うぜえ」と聞こえないように言う。

クリスマスの喧騒が終わって母がいなくなると、私は父との一週間を前に絶望の淵にいた。これからをどうやってやり過ごしたらいいのか。本を読んだり、テレビを見ている間はいい。問題は一日に三回やってくる食事の時間だ。我が家には「ごはんのときはテレビはつけない、会話の時間」という決まりがあった。口もききたくない相手と、どんなしゃれたテーブルトークを交わせというのだ。中学生には何のアイデアもなかった。父も初日から相変わらず素っ気なく、歩み寄る気配はないように見えた。ところが一人でどこかへ出かけた父は、帰ってくるなり大きな肉塊を食卓に載せ「コンビーフを作ってみるか」と、意表を突く申し出をしてきたのだ。

コンビーフ？　しかも「作る」だと？　突飛すぎる話にキレやすい中学生は「何を言い出すんだ」とカッとした。打たれ弱い父は、自分の提案をすぐ喜んでくれない娘に同じくカッとした。今思うとそれは、父が娘との気まずい時間を何とかしようと、夜も寝ずにひねり出した「ぼくのかんがえたさいきょうの共同作業」だったのだが、思春期の娘にはそれがわからぬ。感情表現が苦手な父には、良かれと思った自分の気持ちの説明もできぬ。

ムカムカ、イライラした時間がしばし過ぎたあと、父が取り出したのが「かつて大学時代に古本屋で買ったアメリカの料理雑誌」だった。そこにはたまらなく魅力的な写真とともに「Corned Beef」のレシピが載っていた。さっきまでのムカムカを一瞬で忘れた私は「英語だよ」と言った。「辞書で訳せばいいだろう」「そうだね」そうして私たちは、これからの一週間をコンビーフに捧げることに決めたのだ。

さて訳し始めると、これは意外にもいい作業だということがわかった。ローズマリーやベイリーフなど当時の実家近辺ではおいそれと手に入らない材料もあったけれど、作業自体は予想よりもはるかにシンプル。ざっくりいうと、肉を塩漬けし、ゆでる。それだけだ。時間はかかるが「こんなに簡単でいいのか」と、ひどく驚いた記憶がある。父がどういう思惑でこれを選んだのかはわからないが、料理スキルは「同級生よりはマシ」程度の中学生と、「男の趣味料理だけ」の男が取り組むには、実際ちょうどいいレベルだったのだ。アメリカの、しかも古いレシピだから、原文は肉が一〇ポンド、塩も砂糖もたっぷり使う恐ろしいレシピだった。おそらく口語の言い回しであろう語句は、調べても調べてもよくわからなかった。それでもレシピ構文は基本的にシンプルであるので、大してケンカにもならずにうまく訳すことができた。強いていうなら「こんなに塩が減ってたらママにバレる」とビビってかなり減らしてみたにもかかわらず、出来上がったものがめちゃくちゃしょっぱかったのが謎ではあったが、きっと塩抜きが足りなかったのだろう。年越しそばもおせちもロクに用意できなかった記憶しかないが、コンビーフのおかげで妙に充実した年末年始を過ごすことができた。しょっぱいコンビーフは「しょっぱいしょっぱい」と文句を言いながらも、証拠隠滅のため早々に食べつくしてしまった。戻ってきた母は塩が異常に減っていたことに気づいただろうか。

くだんのアメリカの料理雑誌には他にもいろいろなレシピが載っていて、コンビーフ以外のページにも線を引いたり、書き込みをした跡があった。きっと本当はその場で訳すまでもなく、そらで言えるくらい頭に叩き込んでいたのだろう。娘との共同作業のかたちにするため、辞書を持ち出したんだろう。今はそう思う。父は外国の料理と食文化には本当に惹かれているようだった。西洋だけでなく東洋の食についての本も数多く買い求め、特に中国の料理には並々ならぬ関心を寄せていた。外食するときも「ラーメン、餃子、チャーハン」のような普通の料理を普通の店で食べるのではなく、どこで見つけたのかわからないようなディープな店で、他では見たこともないような料理を食べるのを好んだ。これまた今はほとんど我が家に持ってきてしまった父の中国本シリーズは、当時にしてはかなり突っ込んだ内容のものが多く、なるほど、こういう本で情報を得ていたのだとのちに納得したものだ。

だから、うちの実家の鍋が「火鍋子《ホーコーズ》」だったのも、父がそれをわざわざ選んだからだと思っていた。実家では湯豆腐や、タラの入ったいわゆる普通の日本の鍋はほとんど食べた記憶がない。真ん中にエントツのついた火鍋子に中華風のスープ。春雨と野菜、そして豚肉の肉だんごがうんとたくさん入っていて、家族で争うように食べる。それが我が家の鍋だった。

ところがごく最近になって母に聞いたところ、実は火鍋子は母が持ち込んだ文化だという。母の実家は何代か前に、ひと旗あげるべく大陸に渡っていた。商売をやっていたから忙しく、晩ごはんは近所の店から取ることが多かった。その店が冬になるとよく持ってきていたのが火鍋子だったのだ。その火鍋子が気に入ったのか、慣れ親しんだ味が忘れられないのか。祖母は長崎へ戻ってきてからも、鍋といえば火鍋子しか作らなかった。そして母が嫁に行くときも、嫁入り道具として火鍋子を持たせた。

「それでね、おばあちゃんが嫁入りのときに当然のように火鍋子を持たせてくれたんだけど、結婚して最初の冬に鍋が食べたいって言われて、どうしようと思ったの。でも他の鍋はよくわからないし。それで、私この鍋しか持ってないんですけどってパパに見せたのね」

推測でしかないが、父はめちゃくちゃ喜んだと思う。外国文化に興味があり、本で読んだ知識を実践するのが大好きだったもの。たまたま結婚した相手が中国の火鍋子を家に持ち込んでくれるなんて、こんな僥倖があるだろうか。新婚当時の火鍋子は、鍋の中に炭火を入れて使う昔ながらのタイプだったという。今も残る長崎の家で、若い二人はどんな風に炭をおこし、鍋をしつらえたのだろうか。それこそきっと楽しい共同作業だったに違いない。

私が一八で上京して以来、父は私のアパートに頻繁にやってくるようになった。

いや違う。「お父さんも心配なのよ〜。娘が東京で一人暮らししているんですもの」という、ほっこりした話ではない。東京の本屋と映画館と飲食店めぐりが大好きな父が「いい拠点ができた」と、ほくそ笑んでいたのが正しい解釈だ。

実際に私がいようがいまいが、彼は勝手に部屋に入り、勝手に本を読み、勝手に何か食べていた。たまに時間が合うと、一緒に何か食べに行こうかということになった。時に近所のコギタナイ焼き鳥屋でカシラを食べ、時に「え、こんな高級な店に連れてくるなんて、私今夜消されるの」とびくびくするようなイタリアンで冷たいパスタを食べた。朝起きると父が作った味噌汁だけが台所にあり、父はとっくに映画に出かけたあとだったりした。自分が読み終わった本を置いていったこともあった。

父が亡くなったとき、私は母に「パパの一番しあわせだったのはいつだと思う?」と質問した。私はなんとなく、子どもたちがまだ小さいころの、肉だんごを争って食べていた、あんな食卓の風景なのではないかと予想していたからだ。母の答えはまったく違った。「いずみが一人暮らししてから、毎週末のように東京に遊びに行ってたでしょ。好きに映画見たり、本を買ったり、美味しいものを食べてきたり。あのころなんじゃないかな。あのころは本当に楽しそうだったよ」

私は早く結婚してしまったので、その時間はとても短かった。もっと一緒にごはんを食べてあげればよかったと、少しだけ思う。

2
青春の思い出

料理は出会いでできている

ハタチの男子が好むにはあまりに地味すぎる料理を指差し、彼は「こういう料理、好きなんだよなあ」と言った。それは脂っこい料理ばかりを好んでいた私には、見たこともも食べたこともないものだった。繁華街の雑居ビルの地下にある、とりたててどうという特徴もない居酒屋で、「こういう料理」が気に入っているからよく来るんだと、彼は続けた。私はつきあいだしたばかりの彼にいいとこを見せようと「じゃあ今度作ってあげるよ」と、さも自らのレパートリーにあるかのようにふるまった。菜っ葉と油揚げだけの色気のない料理……それが私と煮びたしとの、最初の出会いだった。

みなさんは煮びたしはお好きだろうか。

地味すぎて、いまどきのレシピ本にはあまり載っていないかもしれない。一度ゆでた野菜にだし醤油をかけるおひたしとは違い、煮びたしは味つけしただしに直接食材を入れて、一緒に煮てしまう。煮物のようにじっくりコトコト煮るのではなく、サッと短時間煮るだけなのが特徴だ。いろいろな材料で作られるが、小松菜のように短時間で仕上げたほうが美味しい野菜が向いている。例えば大根を大ぶりにカットしてコトコト煮たらそれは「煮物」だが、細く千切りにしてサッとだしで煮たら「煮びたし」を名乗ってもいい。そんな感覚だ。

出会いは「ふうん、こんなのが好きなのか」とあまり興味をそそられなかったが、今の私はやたらめったら煮びたしを作る。まず味が好きである。そして野菜がたくさん取れるし、カロリーも低い。手順も簡単、菜っ葉がシナっとなったらもう食べられる時短、のイイコトづくめ。うちの場合、油揚げは常備しているし、菜っ葉の類いもたいてい冷蔵庫にある。毎日疲れててライフがゼロ、気力もゼロの私には、な～んも考えずにザクザク切って鍋に放り込むだけで完成する煮びたしは、実にありがたい存在だ。

あの日、出会っていなかったら私の煮びたしデビューはもっと遅かっただろう。いや、下手したらデビューすらしていない人生だったかもしれない。煮びたしだけの話ではない。すべての料理は、出会いでできている。

圧力鍋を手に入れると、人はやたらと煮込んでしまう

誰かに教えてもらったり、どこかで食べたり、何かで読んだりの繰り返しが自分の中にしんしんとつもり、料理のかたちを成していく。試作に試作を重ね、これが最適解と決めた今のレシピも、永遠に最適解とは限らない。また別の出会いがあれば、するするとレシピは変わっていく。

ワークショップでよくお出しする「明太子のムチム（和えもの）」が、いい例だ。最初に友人に教えてもらったときは、激辛でとてもシンプルなレシピだった。次にプロの料理本を読んで、加える食材が増えた。そのうち別の人が作ったものを食べて以降は、食材や辛さ、提供の仕方などの選択肢が増え、今のレシピに至っている。最初の友人が今の私のムチムを食べたら「あれ？　私が教えたものとずいぶん違うな」と思うだろう。でも将来はわからない。またあの激辛シンプルに戻るかもしれないし、さらにすごくアレンジしちゃうかもしれない。

うちのポテトサラダもそうだ。家庭科で習って以来なんの疑問も抱かず作っていたオーソドックスなポテサラが、大好きだった父の友人の「マヨネーズのポテトサラダって好きじゃないんだよ」のひとことで撤廃された。父の友人はその場で「酢と塩のきいたマヨネーズなし。こ

れが本場のドイツ風だよ」とも教えてくれた。それが本当かどうかはわからないが、「本場ドイツか……」と思春期の私は大いにくすぐられたため、そこからドイツポテサラ時代が始まった。その後、上京してからはまたマヨネーズ入りに戻り、大好きな店の味をまんま真似したり、やたら具沢山にしてみたり、逆に玉ねぎすら入れない「クールでソリッドがかっこいいかも」ブームを乗り越え、今はニンニクとマスタードをハッキリきかせたシンプルタイプをよく作っている。そんな風にレシピが変化していくのが、私はすごく好きだ。

人との出会いだけでなく、モノとの出会いでも料理は生まれ、変化する。

例えば圧力鍋を手に入れると、人はやたら肉を煮込んでしまう。あのころうちのカレーといえば、大きな骨つき肉が定番だった。短時間で柔らかくなるスペアリブを楽しむためのカレーだったのである。ところがフードプロセッサを買うと、これが一変する。今度はとにかくみじん切りが楽しくてしょうがなくなり、食材すべてをフープロで粉砕したドライカレーばかり作るようになったのだ。今は南インドやネパールなど現地のレシピで作るのを好むため、どちらの器具もカレー作りにはあまり参加できていないが、ふと思い出しては懐かしい気持ちになる。

冒頭の彼はよく、実家のある浜松で好きだった町中華の味について話してくれた。そのラーメンが独特で美味しいこと。あれと同じ味が東京では見つからないこと。その魅力をなんとかして私に伝えたいが、どうにもうまく言えないこと。まだ若い私らには語彙が少ない。経験値もない。「○○みたいな味」とか「なんとかという調味料」の説明が、どうしてもうまくできない。いつか実際に食べに行かなくちゃな、口で言ってるだけじゃわからないよな、などと言っているうちに、ケンカして別れてしまった。

それから一〇年たち、私は浜松へよく出張する営業ウーマンになっていた。お客さんといくつも派手な宴会をこなし、ドーマン蟹を口にした回数も二桁を超え、浜松グルメはひと通り制覇した気になっていた。そんなある日。時間がなくて駅近の店へと適当に飛び込んだ私は、とりたててどうという特徴もない塩ラーメンを食べようとして、ハッとした。

これだ。彼が言ってたのは、きっとこれのことだ。

ふわっと鼻をくすぐる、独特の香り。ありそうでなさそうなその味。単なる塩ラーメンを印象的にしていたものの正体は「鶏油《チーユ》」だった。なるほど、これはハタチでは説明できまい。あのころの私たちのテリトリーには、おそらく鶏油は売られていなかった。たぶん鶏油の存在自体も知らなかったと思う。

その足でデパ地下へ行き、鶏油を買った。それからしばらくの間、野菜でもスープでも何にでも鶏油をかけてみるブームが続いた。料理は出会いでできている。そんなことの繰り返しで生きている。

イケアの炊き込みごはんのレシピ

ここ最近で一番の出会いといえば、イケアのしゃもじであろう。エーゲンドドムリグ、179円。うちはずっと炊飯器に付属するしゃもじを使っていたが、何の気なしにイケアに替えてから、このしゃもじの大いなる利点に気づいた。それは「とっても薄い」ということだ。薄いから、ちょっとしたものならこれでカットすることができる。キノコはもちろん、肉なんかも、ごはんの上にあればグッと垂直に差し込むことでカットできてしまう。つまり「疲れてるし、めんどくさいし、もうなんもやる気がしないんだけど、どうしても炊き込みごはんが食べたい!」という気持ちの夜に、包丁とまな板を使うことなく炊き込みごはんが食べられるのだ。

作り方はとても簡単。ぜひ大ざっぱな気持ちで作ってほしい。炊飯器にコメをセットする。そこへ鶏もも肉を1枚、どんと入れる。その隣に舞茸を1パック、どんと入れる。コメ1合に対し大さじ1の醤油を入れる。炊飯スイッチを入れる。以上だ。うちの5合炊きの炊飯器だと、3合が混ぜやすく、また具材とのバランスもいい。

炊きあがったら、勇気を持ってしゃもじを突き刺してほしい。具を縦横無尽に切り刻み、底からよく混ぜたら出来上がり。豚バラでもいける。ひき肉ならなんの問題もない。醤油を計るのが面倒なら「コメ1合に対し醤油1周」のアバウトさでもいい。大丈夫、お米とじろまるを信じてほしい。ちゃんとおいしいから。

私はイケアで見つけたが、どうやら今どきのしゃもじは薄いのが流行りなんだそうだ。みなさんも薄いしゃもじを入手したら、一度お試しあれ。

吸血鬼とホワイトソース

映画『ボヘミアン・ラプソディ』の成功のおかげで、令和時代にふたたびクイーンの音楽がよく流れるようになったのは、オールドファンとしては嬉しい限りである。私の小中高はクイーンとともにあった。歌詞をノートに書き写しては覚え、ギターのリフを真似し、コーラスの編成を知りたいからと父のオーディオをぐちゃぐちゃにいじっては叱られていた。

私がロジャーが好きだというと「あんな少女マンガみたいな顔のどこがいいの」と言った友達のことは、いまだに根に持っている。ただあの時代、確かにクイーンには少女マンガ的な要素はあったように思う。華やかできらびやかな音楽とビジュアルは、少女マンガを読んでいるときの高揚感と一致した。いや、そもそもロックとマンガの相性はいいのかもしれない。あのころ好きだったマンガには、クイーンに限らずロックミュージシャンを模したキャラが登場することはよくあったし、本編のすみっこに描かれた落書きに教えてもらったバンドもたくさんある。

私が子どものころは、まだ「マンガを読むとバカになる」とマジメに考えられていた時代だ。だが私にとってフランス革命も信長も、将棋や社交ダンスの知識も、みんなマンガにきっかけを与えられたものばかりだ。神話やSFは言わずもがな。私の人生は、マンガのおかげによるものが実に多い。

そうそうマンガに教えてもらったといえば、吸血鬼もそうだ。血なまぐさい串刺し公からどうやったら少女の胸をときめかせる存在に変化するのか、その変遷をたどるには本の一冊や二冊ではすまないけれど、ともかく吸血鬼は昔から乙女の胸をざわつかせてきた。古今東西、吸血鬼をめぐってどれほど多くのロマンチックな創作が生まれたことだろう。私の中学時代には、ご存知『ポーの一族』（萩尾望都）があった。いやあハマった。セリフをノートに書き写しては覚え、あらゆるコマを模写し、自分なりのスピンオフをぐちゃぐちゃと書き散らしては「片付けなさい」と叱られていた。

そんな中学時代に出会ったのがF先輩である。

彼は肌が透けるように白く、髪は日本人と思えぬ明るい色で、サラサラと光っていた。そしてその唇はなぜかいつも赤く染まっていて、そう、つまり、とてつもなく吸血鬼っぽかったのだ。

イケメンさんだからモテていて、私も友人と一緒にキャーキャー騒いでいた。だが私は男として見ていたのではなかった。ヴァンパイアとしての妄想に燃えていたのだ。そう、先輩は久遠の時を翔ける存在。この中学に来たのは、一緒に永遠《とわ》を過ごす仲間を探すため。先輩にとってのアランを見つけに来たに違いない……という妄想に「キャー」と酔いしれていたのだった。

一枚だけ持っているF先輩の写真は、お祭りの夜に勇気を出して撮らせてもらったものだ。これが事もあろうに、目が赤く光っている。赤く光っているのだよ。真っ白な顔に、赤い唇、そして赤く光る目。完璧だ。これで先輩ヴァンパイア妄想は、ますます激しさを増していった。

吸血鬼なめてもらっちゃ困るんだけど

そんなある日、他の先輩方を含め話をしていたときのこと。好きな食べ物は何か、という話題になった。もう私の胸はドキドキだ。F先輩はなんというだろう。ヴァンパイアといえばバラだ。バラに決まっている。どうしよう「バラのエッセンスを落とした紅茶」とか言い出したら！「食事はしないんだ……バラの花は買うけど」と妖しく目を光らせたら！

はあはあしている私の横で、F先輩は言った。

「俺はグラタンが好きだな」

はああ⁉　グラタンだ？　ちょっと吸血鬼なめてもらっちゃ困るんだけど。ホワイトソースって牛乳からできてるんだよ？　輝く太陽、すくすく育った牧草、いいサイレージはオレンジの匂い、つまり明るい昼間の食べ物よ？　ヴァンパイアがそんなもの好んでたらダメでしょう。世界観崩れるでしょう。

せめて豚バラとでも言ってくれたら、バラつながりで許したかもしれない。でもグラタンはダメだ。エドガーはグラタンは食べない。エドガーはグラタンをふうふうしたり、チーズの糸をびよよんと伸ばしたりしない。中二病全開の私は怒り心頭だった。F先輩も横にいる後輩が、まさかこんなことで怒りに身を震わせているとは思いもしなかっただろう。


先輩には他にもがっかりさせられたことがある。私の育った南房総はそのほとんどが海岸に接しており、子どもの遊び場と言ったらほぼ海しかないような土地だ。海で泳ぎ、海に潜り、イソギンチャクに指を突っ込み、ウミウシを棒でつつく。子どものころはそんな遊びしかしたことがない。夏休みともなると、午前中に宿題をやったらあとはもう海に行くしかない日が四〇日続く。午後いっぱい何度も波にもぐり、水着の中に砂をいっぱいため込んで家に帰る。そ

れが「ぼくのなつやすみ」だった。
その日もいつものように、波にもぐってい
た。するとF先輩たちが数人グループでやっ
てきたのだ。グループには美人で有名なA美
先輩もいた。つまりイケメンと美人を含むス
クールカースト上位グループが、この町で一
番大きな海水浴場へ「ウェーイ」とやってき
たわけだ。まあそれはいい。どの海水浴場で
遊ぼうが、人の勝手だからな。だがA美先輩
がF先輩に向かって「Fくん、日焼けするな
らこれ塗りなよ」とサンオイルを投げてよこ
したのを見たとき、私の怒髪は瞬時に天をつ
いたのである。
はあぁ⁉　日焼けだ？　ちょっと吸血鬼な
めてもらっちゃ困るんだけど。ヴァンパイア
は夜の生き物よ？　太陽のもとに出てきただ

けで消えなきゃダメでしょう。それが日焼けするとか、オイル塗るとか、何してくれるの。ヴァンパイアの世界観崩れるでしょう。

F先輩は嬉々としてオイルを塗り、ぼちゃぼちゃと浮き輪に乗って沖のほうへ泳いでいった。もうがっかりだった。先輩ヴァンパイア妄想が急にしぼみはじめるのがわかった。だがしばらくして海の家に入ると、今度は先輩がアメリカンドッグを頬張りながら、口の周りをケチャップでベタベタと真っ赤にしているではないか。そう、それはまるで人を食ったかのような、凄惨な口元であった。

いいものを見た。とりあえず今日のところは、これで許してやることにした。

失敗しない
ホワイトソースの
レシピ

Ｆ先輩のことを怒りはしたが、実は私もグラタンは大好きだ。まあかつて子どもだった人で、あれが嫌いな人はそうはいまい。バターと牛乳の豊かな香り、とろりとしたテクスチャ。完璧だ。

母親は料理のできる人で、グラタンも上手に作っていた。なのでことあるごとに「グラタン作って」とお願いするのだが、いつも「あれはめんどくさいのよ」と断られていた。それなら、と自分で作り始めた。だが見た目はいいものの、食べるといつも粉っぽいのが気になっていた。

ホワイトソースは「粉っぽさ」との戦いだ。バターで小麦粉をよーく炒め、火を通す。だが決して色をつけてはいけない。この「よく炒める」と「色をつけない」の加減が、慣れないうちはさっぱりわからぬ。おまけに私はイラチだから、ささっと炒めては「も、もういいよね。もういいや！」と牛乳を入れてしまう。そんな失敗の繰り返しだった。

今はホワイトソースで失敗はない。しかも電子レンジで作る。これはちょっとみなさんに覚えてもらいたいので、ここで紹介しよう。量によっても違うが、５分か10分もあれば作れる。どうぞ。

小麦粉／バター　それぞれ同量　牛乳／その10倍

ガラスの耐熱ボウルがあると一番いい。ここにバターと小麦粉を、同じ重さで入れる。

ここで「バターは大さじ２ですよ」などと言ってあげたいところだが、バターをきっちり測るのはひどく面倒である。私はダメ。測るの嫌い。よく「あらかじめ何等分に切っておくと、ひとかけらが何グラムなので便利」と料理本などに書いてあるが、あらかじめ切ることができるような人間ならここにはいない。そういうのができないから、私なのである。だからハカリにボウルを載せたら、そこに適当にぐいっと切ったバターを入れる。そのグラム数と同じだけ小麦粉を入れる。そんな生き方をしている。

とはいえ何回もやっていると、いつもの手クセで、いつもの分量になる。うちはだいたい、バターも粉も50グラムくらい。牛乳は５００㎖くらい。ただきっちりと50グラムにしようとは思わず、今日はバターが43グラムだったら粉も43グラムにしようという適当さ。その場合牛乳は４３０㎖にする。

バターと小麦粉が入ったボウルを、レンジにかける。ワット数によって時間は違うが、家庭用であれば大体１～２分。バターがふつふつとしたら、泡立て器でガーッとなめらかになるまでかき混ぜる。さらに１分程度レンジにかける。なめらかだった表面が、泡立ったような感じになる。

ここへ牛乳を入れていく。牛乳は冷たいままで０Ｋ。まず１カップくらいを少しずつ入れて、その都度泡立て器でガーッと混ぜる。レンジに２分ほどかける。取り出したら混ぜる。このレシピで気を配るのは「混ぜる↓なめらかにする」だけなので、大いに混ぜてほしい。残りの牛乳を３回くらいに分けて「入れる↓混ぜる」を繰り返す。最後にもう１～２分、レンジにかけて出来上がり。すぐ使う場合はそのまま、しばらく経ってから使う場合はラップをソースの表面にくっつけておくと膜が張らない。

ソースの固さは最後のレンジの時間で決まる。ゆるいと思ったら、もうちょっとレンジにかけて好きな固さまで水分を飛ばす。固いと思ったら牛乳を足してもう一度レンジにかける。ホワイトソースは熱いとゆるく、冷えると固くなると覚えておけば、自分の望む固さへと導けるだろう。

あ、あとホワイトソースは塩が効きやすい。入れるときは気持ちより控えめに。もしくは具材のほうで調整するとうまくいく。

お弁当十人十色

いかにも「今から人の悪口を言いますよ」といういやらしい調子で近寄ってきたそいつは「実は俺、Mの高校の同級生なんだけど」とニヤニヤ笑った。Mというのは、その場にいない我々の共通の知り合いである。おだやかで落ち着いた話し方をする好青年で、取引先各社に隠れファンが少なくない。私もその一人だった。他人の尊厳を大事にし、赤の他人にも丁寧に接する。女を小バカにする社風の中、彼だけは間違っても女子に「おい、お前」などと呼びかけない。他人のミスを笑うのではなく、自分の失敗を笑い話にする。私にとっては「好き」というより「いつかたどり着きたい境地」のような存在だった。そのMさんの話を同業者としていたところへ、くだんの元同級生が近寄ってきたわけだ。

「あいつさ、変な弁当持ってくるんで有名だったんだ」

はあ。

「弁当箱でかいし、おかずも一種類しか入ってないしさ」

へえ。

「一度なんか、おかずの代わりにあんこ、あんこだぞ！　白いごはんとあんこしか入ってない二色の弁当って見たことあるか？」

確かに、そんな弁当は見たことない。だが「やだー変なお弁当ー」と、一緒になって嘲笑する気にはなれなかった。そいつの「Mを笑いものにしてやろう。おとしめてやろう」という嫉妬心が透けて見えたし、他人をけなして笑うなんてそれこそMさんファンの風上にも置けないからだ。なので、わざとぼんやりした反応に終始した。さぞかし空気の読めない、ノリの悪い女だと思ったことだろう。

そもそもお弁当や家ごはんは、よその人から見れば「変」と思われる要素がいっぱいあるものだ。好きな食材、よく使う調味料は人によって全然違うし、家族の趣味嗜好も違う。それらの積み重ねが、唯一無二の「うちの料理」を生み出す。よその人に食べさせるときはスタンダードなやり方を模倣する人も、家で自分や家族だけが食べる料理は自由気ままだ。「変」と目くじら立てるより、オリジナルの食べ方として収集するほうがずっと楽しい。

高校のクラスメイトであるKちゃんはよく「今日のお弁当は〇〇が入ってるから嬉しい」と

言っていた。私はその○○がどうしても聞き取れず、そのたび何度も聞き返したのだが、ついにはっきりとしないまま卒業してしまった。ちゃんと紙に書いて確認しなかった私たちが悪いのだが、一番の原因はその食材が我が家には存在しなかったことにある。

それは「クコ」だ。

そう、あの杏仁豆腐に載ってたり、漢方薬で使われたりする赤い実のあれ。クコ。あの赤い実ではなく、緑の若い芽のほうを南房総ではよく食べる。春が近づくと近所の生垣や田んぼの脇で収穫している人をよく見かけるし、お店でも「クコおひたしあります」と誇らしげにオンメニューされる、春の風物詩である。長崎から流れ着いた我が家には食べる習慣がなかったが、今では地元の行きつけでクコ芽を食べるのが私の大いなる楽しみだ。Kちゃんのお弁当にはおひたしや卵焼き、菜飯など、いろいろなかたちでクコの芽が入っていた。きっと実家の近くに自生していたのだろう。今となってはうらやましい話である。

好きな料理が一つあればそれでいいタイプなんです

印象的なお弁当というと、会社の同僚Nのお弁当もそうだ。ミートソースのスパゲティをお弁当にするのは普通だが、それにニラが大量に入っていたのだ。その「これの何がおかしい

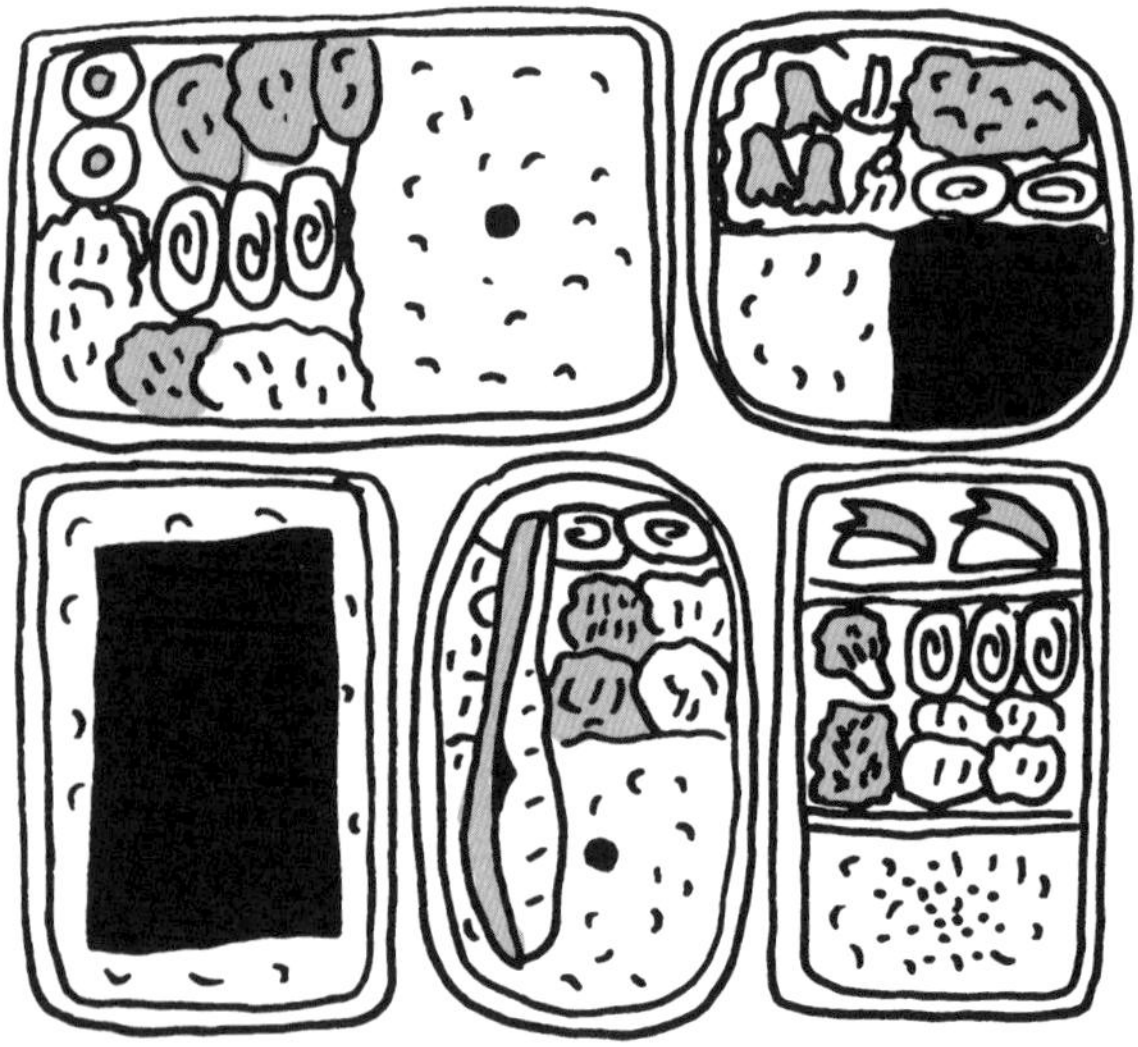

の」という表情を見れば、彼女の実家ではそれが当たり前だったことが容易にわかる。その頻度からして、ニラスパが好きだということもわかる。そしてニラスパの日は、付け合せに必ず鮭の焼いたのが入っていた。きっとN家の定番だったのだろう。もっと由来とか歴史とかエピソードとか、いろいろ聞いておけばよかった。残念だ。

今の私もたまにお弁当を作る。今日は忙しくなるということがわかっているとき、朝のうちにお弁当箱に詰めてお昼に食べるのだ。仕事中はほとんど家にこもりっぱなしだから、その気になればパスタくらい作れないわけではない。カップ麺のお湯くらい沸かせないわけでもない。だが「何を食べようか」と考えると気が散るし、決めるのも作るのも億劫である。なのでお弁当を作る。おにぎりと卵焼きだけ、残り物チャーハンに目玉焼きを載っけただけ、などの簡単なものばかりだが、お皿ではなくお弁当箱で食べるのが好きだ。家でお弁当箱を開けるのは、ピクニックみたいでちょっと楽しいじゃないか。

その後、Mさんと飲む機会があった。すると「実は僕、回転寿司が苦手なんですよ。次から次へと大量に食べ物が現れるのが苦手で。昔からそう。好きな料理が一つあればそれでいいタイプなんです」と話し始めた。

ひょっとしてお弁当とかも、おかずいっぱいは苦手でした？

「そうそう。母親にもよくおかず減らして、一種類でいいからって言ってましたね」

甘いものもいらないタイプなんですか？

「逆に甘いものが大好きで。うち、祖母が小豆を炊くのが上手だったので、それをひとりじめしたいあまりにお弁当に持ってっちゃったことがありました。あれは夢のようにおいしかったなあ」

ね。ちっとも「変」じゃない。

下弦の月
弁当のレシピ

私自身が一番よくお弁当を作ったのは、ある特殊な業界に身を置いていたときだ。職業柄、職場は必ずへんぴな場所にある。最寄駅から1時間に2本くらいあるバスに30分ほど乗り、バス停からさらに15分ほど歩く。周囲は田んぼと山しかない。飲食店もコンビニもない。最寄駅の周辺にも食べ物を買える店は一つもないため、自作の弁当はマスト中のマストアイテムだった。

あのころは本当にがんばった。夜遅くまでだらだらと飲むのが好きだったから、当然朝は起きられない。でも弁当は作らねばならぬ。なければお昼は抜くことになる。とりあえず「ごはんだけは炊いておく」スキルは身につけた。最悪レトルトカレーを持っていけば、職場のヤカンで温めることはできたからだ。

レトルトカレーがないとき、もしくは5分くらいは料理する時間があるとき、よく作ったのが「下弦の月弁当」だ。海苔と卵さえあればできる。好きなものだけで構成されている。他人から見たらショボくてかわいそうかもしれないが、食べている最中の自分はご機嫌だ。レシピというほどのものはないが、よかったら作ってみてほしい。私が高校生のころから作っている、研鑽《けんさん》の味だ。

ごはん　弁当箱に入るだけ／海苔　1枚／卵　1個／醤油　好きなだけ

いわゆる海苔弁である。ただし私は無類の海苔好きであるため、海苔の段はできるだけ多くしたい。ごはんはできるだけ薄くよそう。海苔を敷く。醤油をかける。またごはんを薄くよそう……の繰り返しだ。

海苔はそのままだと、箸で切れず食べづらい。なのでちぎって敷き詰めるようにするといい。これが唯一のコツだ。今はあらかじめ穴が空いている「かみ切りやすい海苔」というものが売られているので、これを使うという手もある。段々の最後は海苔で終わること。これが夜空になる。

卵を溶いて、オムレツを作る。もうおわかりだろうが、これがお月様だ。もともとは「海苔弁オムレツのっけ」だったものだが、急いでいるとオムレツのかたちなんかに構ってはいられない。ある日適当にフライパンの端に寄せて作ったぐんにゃりオムレツが、ぐうぜん三日月のかたちになった。その日からこのお弁当は「下弦の月」という優美な名前になったのだ。上下をひっくり返せば「上弦の月弁当」にもなる。

時間が許せば、海苔の間にしらす干しや明太子などをはさんでもいい。三日月の隣に梅干しを丸ごと1個のせて「太陽と月弁当」にしてもいい。でも真骨頂はやはり、海苔と卵だけの静謐《せいひつ》タイプだ。

豆苗会社とグル

料理を仕事にしていても、作るのはメンドクサイ。夕方になると毎日のように「あー何作ろう」と悩み、冷蔵庫を開け閉めし、「あー何作ろう」とツイッターに投稿し、また冷蔵庫を開け閉めし、ノーアイデアのノー気力のままズルズルと時間が過ぎていく。そんなていねいな暮らしを送っている。

私の救世主はといえば、洗っただけですぐ食べられる野菜である。プチトマト最高。夏はキュウリで生きている。そして何と言っても豆苗だ。豆苗はエライ。豆苗は素晴らしい。根元から乱暴に切り取り、ザザッと洗えばもう食べられる。そのままサラダでもいいし、HPがゼロではない日は、ゆでたっていい。栄養もあるっぽいし、緑の野菜が食卓にあるだけで体にいいことをした気になる。そしてなんと、切り取ったあと水を入れて窓辺に置いておけば、もう一、二回収穫できるという神の食べ物なのだ。

大抵の人は、そこで終わりにすると思う。だが二度めの収穫が終わったあともよく見ると、まだ芽を出していない豆があるはずだ。豆苗とは文字通り、豆の苗のこと。もう芽が出ないかなと諦めたそれを、土に植えてみてほしい。なんとエンドウ豆が生えてくる。スイートピーに似た花はカワイイし、実がなれば若いうちはキヌサヤとして食べられる。食べずにしばらくほっておけば実はぷくぷくと膨らんで、グリンピースになる。特に春先はチャンスだ。ぜひ植えてみて。

……という投稿をツイッターにした。いやあ、バズったバズった。何万人もの人に拡散され、いわゆる「通知が止まらない」状態となった。政治の話題などと違い、ネタが食べ物だけに平和な反応が多く、ニコニコとできるだけ返信をしていた。すると、突然悪意が襲いかかってきた。

「ちょっと調べればわかるけど、じろまると豆苗会社はグル。信じたらだめ」

驚いた。私と豆苗会社はグルだったのか。まったく自覚はないけど、ちょっと調べたらわかるというのか。当人が知らないことを、この人は知ってるというのか。いやむしろグルになりたいじゃないか。豆苗会社のほうから、甘い汁を提案されたいじゃないか。今からでも遅くない、待っている。

どこがウソで、どこが本当なのか

根も葉もないうわさは、いたるところに転がっている。といっても「匿名でガセネタを垂れ流すネットがー」とネットのせいにしているのではない。現代社会の闇とかそんな話でもない。今も昔も、ネットでもリアルでも、まったく根拠のない夢想を、さも本当のことのように語れる人間が世の中にはいるものだ。

自分の身に降りかかった悪意を思い出してみよう。中学時代、私は思いつめたような顔をした友人から、人気《ひとけ》のないところへ呼び出された。うふふ、あの娘が呼び出すなんて、何があったのかな。恋の相談かなとのんきに構えていた私は、彼女の発言に死ぬほど驚いた。

「ねえ、いずみちゃんが売春してるって、うわさになってるんだけど」

誰が？　どこで？　何をするの？　このド田舎で、どうやったら中学生が売春できるの。うちの親めちゃくちゃ厳しいのに、どうやったら目を盗めるの。

うわさはかなり具体的だった。駅前の建物の地下室が会場であること、一学年につき女子二人ずつが参加していること、私たちの上の学年は○○先輩と、○○先輩がやってるらしいことなど、いかにも本当っぽい要素がゴロゴロ出てくる。私は「ウソをつくには、ウソ以外のことを本当で固めろ」が持論であるが、すでに「私が構成員である」がウソである。じゃあそれ以外は本当なのか。どこがウソで、どこが本当なのか。そもそもそんな売春組織があるのか。そもそも駅前の建物に地下室なんてあるのか。

また同時期には、こんなことも言われた。

「いずみちゃん、学校で気絶して救急車で運ばれたことがあるんだよね」

パトカーに乗ったことはあるが、救急車はない。次。

「いずみちゃんとM先輩が体育館の裏で手を取り合って、いずみ、お前の手は白い、お前の指は細いって見つめあいながらずっと言ってたんだって？」

誰⁉　M先輩て、誰？

まあ、学生時代のことは周囲も皆、中二病の真っ最中なので、妄想が頭から飛び出しちゃったのかなと思わないでもない。自分の知っている強くて悪い単語を使って物語を紡ぎ、うわさをバラまくのは、子どもにはさぞかし楽しかろう。妄想を脳内にとどめておけずに喋ってしまうのも、中学生の倫理観なら仕方ないとも言える。

だが大人になっても、やるやつはやる。三〇歳くらいの時、私は会社を辞めるにあたり、各営業所へと最後のあいさつの電話をしていた。すると大阪支社の仲良くしていた人が「もう辞めるんだったら、最後に聞きたいことがあるんだけど」と言ってきた。軽い気持ちでOKした私は、驚愕の事実を聞かされた。

「じろまるさん、本社の部長とつきあっているんですよね。出張のたびに密会しているの、見た人が何人もいるらしいんですよ。そしてじろまるさんのアシスタントのEちゃん、彼女は専務とつきあっていて、四人でしょっちゅうダブルデートをしているんですよね。六本木の焼肉屋さんで、見られてたらしいですよ」

驚いた。私は部長とつきあっていたのか。まったく自覚はないけど、密会していたのか。本人も見たことないのに、現場を見た人がいるのか。いや、むしろその六本木の焼肉屋に行きたいじゃないか。部長のほうから「じろまるちゃん、今度焼肉に行こう」って誘われたいじゃないか。ああ、時すでに遅し。翌日にはもう会社へ来ない私に、部長との密会はもはやかなわぬ夢だった。

豆苗会社とグルと思われた話は、フォロワーさんたちにも大受けだった。ワークショップ黒酢豚の回で、付け合わせの豆苗をひと袋ずつお配りしながら、くだんの話をした。「むしろグルになりたいよー」と冗談めかして喋った。すると一人が「え、それ無理じゃないですか。だってじろまるさん、豆苗を植えたらもっと増やせるって言ってるんですよね。もっと豆苗を売りたい・買わせたい会社側にしたら、敵ですよね」

いやホントその通りだ。グル構想、これにて終了。

豆苗春巻きのレシピ

増やそうが増やすまいが、豆苗は美味しい。ほうれん草よりもクセがなく、火を通してもシャキシャキ感が残るため、それを生かすような料理にするといい。例えば春巻きだ。うちのオットは春巻きが大好きなのだが、材料を揃えて、すべて千切りにして、炒めて、味つけして、片栗粉でとろみをつけて、冷まして……という作業が私には気が遠くなるほどメンドクサイ。なので、適当に切って包むだけの、すぐ火が通る材料で作る春巻きのレパートリーがたくさんある。豆苗春巻きは中でもよく作るものだ。

豆苗は2~3センチの長さに切る。春巻きの皮を広げ、手前のほうに薄切りのハムを1枚ペロンと載せる。スライスチーズを半分にカットしたものをハムの上に載せたら、その上に先程の豆苗を生のままこんもりと載せ、端から巻いていく。皮を巻くときは最初のひと巻きだけキュッときつめに巻き、それ以降はゆるく巻くこと。これは豆苗春巻きだけでなくどんな春巻きでもパリパリ感を増すのに有効な方法である。巻き終わりを「小麦粉+水」で作ったのりをつけてとめ、160度の油で揚げる。皮が色づいたら出来上がり。

豆苗だけで足りない場合は、同じくすぐ火が通るもやしやアスパラ、長芋などを混ぜて増量することもある。ハムは生ハムやベーコンに変えても構わないし、ささみを細切りにして一緒に巻くのも好きだ。梅干しを叩いてハムの上に塗ったり、マスタードも合う。ハムとチーズの塩気だけでも食べられるし、辛子醤油や、カレー塩でもおいしい。

夢のような夢の街

「渡辺さん、これコピー一〇部お願いします！」

仕事の話ではない。どこかの会社に来ているのでもない。ここは家。しかも夜中である。声の主はオット。そう、オットはハッキリと寝言を言うタイプであり、なおかつ夢の中で仕事ばかりしている男だ。渡辺さんは私も知っているオットの同僚で、どうやら同じプロジェクトチームにいることも、軽口を叩ける間柄ということも、日々の寝言で私にはわかっている。他にも実在の上司や部下の名前がぞろぞろ寝言として発せられるのだが、その和気あいあいと働く様子や、ときに「お昼、どうしますか？」なんて笑いながら言っている顔を見ると、なかなかぴったりな会社じゃないか、転職して本当によかったなと、こちらも夢うつつながらホッとする。会社の夢は本当に頻繁で、今夜は稟議書を提出したかと思うと、次の夜は会議の準備でオットも渡辺さんもバタバタと忙しい。実際の仕事とリンクしているのかどうかはわからぬが、ともかく夢の中でもまじめに仕事をしている様子を見ていると、夢くらい気を抜けばいいのにと心配になる。

よく「人の夢の話はつまらない」というが、本当にそうだろうか。私は好きだ。ことあるごとに、深く突っ込んで尋ねては、他人の夢をのぞかせてもらっている。夢のありようは人それぞれで、実に面白いと思う。

例えば寝言にしても、ハッキリと言うタイプの人はけっこういるものだ。修学旅行の夜に「お前は誰だ！」と大声で叫びクラス中を震撼させたJくん。「お前の寝言は近所迷惑になるから」と親に言われ、一人暮らしをさせてもらえなかったS。家に泊まった夜に「いずみ？　ねえ？　起きてる？」と、まさかの寝言で私を起こしやがったK美。むにゃむにゃタイプの我々には、まったく真似できない。

先ほど「私は好きだ」と言ったが、人の夢の話がつまらないと感じるのはわからんでもない。理由はいくつかある。まず相手に興味がない場合。これはもう言わずもがなだろう。興味がない人の話は、お題が夢だろうが何だろうが聞く気になれない。最初からもう面白くないことが決まっている。

友達や好きな相手なら、少しは聞こうという気になる。だが悲しいかな、普通の人はそう話がうまいわけではない。まして「夢の話」といえば、荒唐無稽なものがほとんど。日常のちょっとしたあるあるネタならともかく、突飛な設定を上手に笑いに持っていける人は、そうはいない。なのでせっかくいい夢ネタを持っていても、つまらない話に落とし込んでしまい、もったいないことになってしまう。

そして最大の原因は、話し手と聞き手の温度差だ。夢の中では感情の揺れ幅がとても大きい。悲しいことはうんと悲しいし、楽しいことはめちゃくちゃ楽しい。焦っていることも、憤慨していることも、すべて脳のタガがはずれたかのように激しく突き刺さる。なので、見た本人は「すっごいやつが、すっごいことをして、すっごい結末になった!」と心から話すし、それを聞かされた第三者は平常心で「へえ。そう」と言うしかない。こんなに荒唐無稽なのに!とこちらが地団駄踏むほどには、相手には熱が伝わらないのだ。

パン屋だけで二七軒

私の夢は、例えるならば「一話完結のシリーズ物」である。いつもの街で、いつものように暮らしている。おそらく小田急線がモデルであろう私鉄駅が最寄駅で、いつも急いでいるので、いつも駅への坂道を走っている。急行の停まらない駅だが、駅近くにはスーパーや本屋、いい感じの飲食店が多く、住むのに不満はない。

あ、住居にはちょっと不満があった。一〇階建くらいのマンションなのだが、ロココ様式の宮殿みたいな大変に豪華な外装のため、しょっちゅう見学者がウロウロしては写真を撮っているからだ。そのくせ中はボロボロで、階段は所々抜けているし、エレベーターはいつでも故障している。どの家も物置のように狭く、風呂や水道が使えない日も珍しくない。そんな街の、そんなマンションに、もうハタチくらいからずっと夢の中で住み続けている。ちょっとした事件や騒動に巻き込まれながらも、まったりとした日常を過ごしている。

じろまる夢ワールドの白眉は、デパートである。これがデカい。とにかくデカい。どれほどの大きさかというと「京橋から日本橋の駅まで繋がっている一軒の建物」であり、どちらの駅にも直結している、現実にはあり得ないデカさだ。特にデパ地下は日本一の広さを誇り、よく友人に「このデパ地下はね、パン屋だけで二七軒も入ってるんだよ」と自慢している。

その素晴らしきデパ地下で私は何をしているかというと、いつも「早く今夜のおつまみを決めないと。早く帰らないと」と焦って、脱兎の勢いでフロア中を走り回っているのである。あっちのショーケースを覗き、こっちの新製品を試食し、向こうにある催事コーナーの出店をチェックする。肉も魚も野菜も食べたい、もちろんパンも買う。ああケーキどうしようかな、たまにはフルーツもいいかなと右往左往している。日本一広いデパ地下だから、ひととおり見る

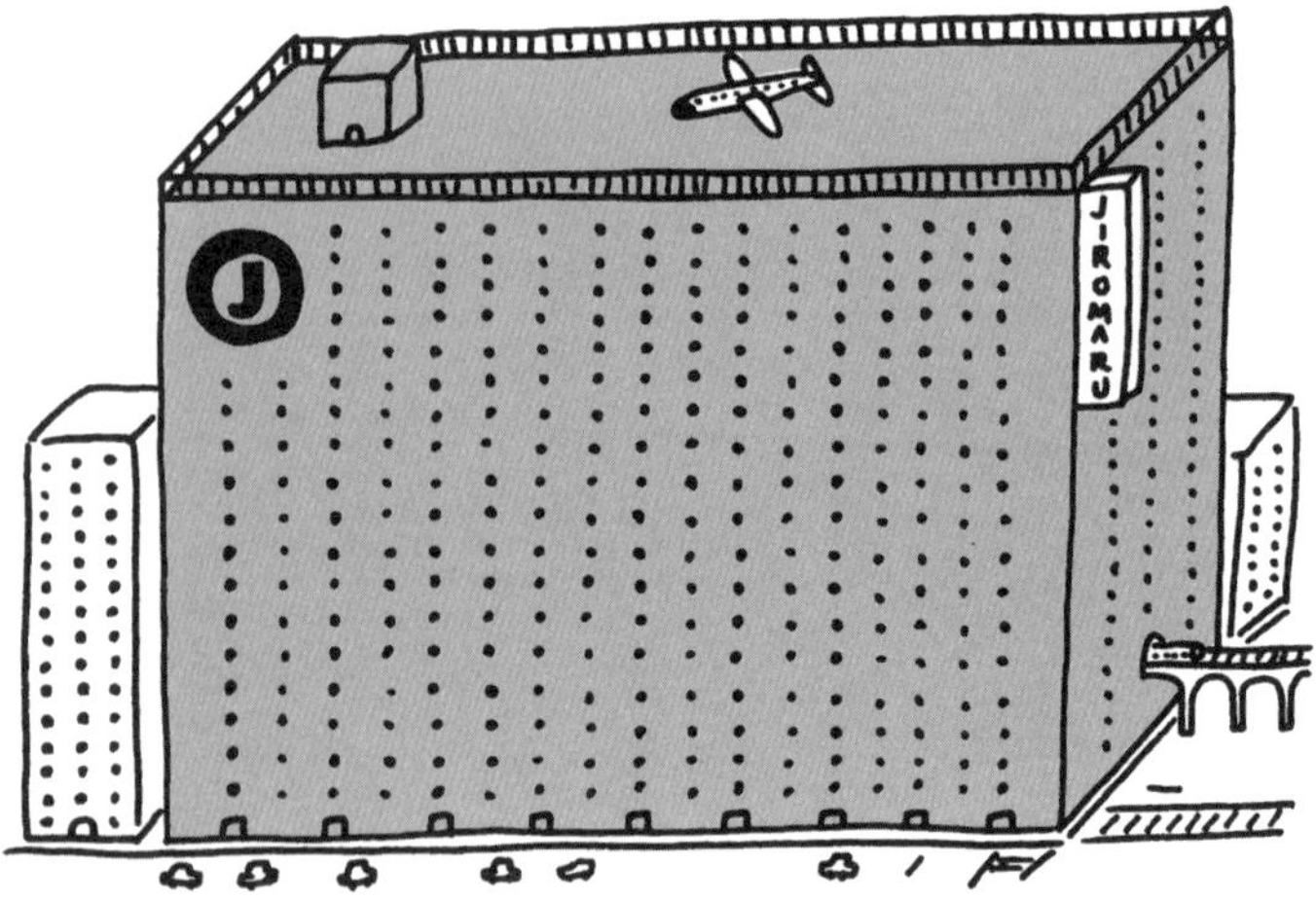

だけでも大変だ。そうこうするうちに閉店の音楽が鳴り始め、満足に買い物できていない自分にカーッと血圧を上げるまでが一セットだ。

このデパ地下に出張が絡む場合も多い。それでなくとも血圧が上がっているのに、出張が絡むと今度は「知らない土地からの帰還」ミッションが加わり、さらに血圧を上げることになる。夢の中の電車や飛行機は、必ずと言っていいほどトラブルを起こす。出張帰りに飛行機が爆発するなんて珍しくもない。いつだって、もう早く帰りたい気持ちでいっぱいだ。ようやくデパートについても、すでに閉店の音楽が始まっていたりする。もう嫌だ、帰りたい。それなら寄らずにさっさと帰ればいいものを、そのデパ地下に寄らずに帰ることはないのだ。だって明日のパンと、今夜のおつまみを調達しなくちゃならないから。

あのとき、オットはどうなってしまったんだろう

要するに、私の潜在意識はいつでも「早く帰りたい。でも食べ物を調達しなくては」でいっぱいなんだろう。一度などデパ地下の片隅で、オットが宇宙人に生ハムにされてしまったことがあった。私は泣いた。慟哭した。愛するオットを返せと、宇宙人に飛びかかっていった。その同じ頭で私は「今夜のおつまみはこの生ハムにしよう」と考えてもいた。あまつさえ、ひとくち味見もした。早く帰って、ちょっと上等なワインでも開けちゃおう、と段取りを妄想さえしていた。

こんな夢もあった。同じく「早く帰りたい」とデパ地下を早足で歩いていると、通路の向こう側でオットが暴漢に襲われている。危ない！　ナイフが見えた！　オットが殺されちゃう！　私は急いでそちらに向かうのだが、ふと横を見るとステキな飲食店が新規オープンしている。新しい店ができたのなら、メニューは必ずチェックしなくてはならない。私は店頭のメニューに釘づけになり、そうだ今夜のおつまみはここで調達するかと思いつく。さっさと買って、早く帰らないとと思う。あのとき、オットはどうなってしまったんだろう。

この夢の街も、夢のデパ地下も、時代と共に少しずつ変化をしている。デパートだって最初から日本一の広さではなかった。長年の増床の結果、ここまでの広さになったのだ。地下は今や地下一〇階まである。もちろんすべて食べ物関係だ。今でも売り場の隅っこが工事中だったりするので、まだまだ広げるつもりなんだろう。

駅もいつの間にかリニューアル工事が終わり、自動改札になった。夢は無意識が生み出した妄想に過ぎないので、単に現実の自分を取り巻く世界が変化しただけなのだが、あまりのリアルさにふと「あちらのほうが現実なのでは」という思いを捨てることができないでいる。あの街に住みたい。あのデパ地下に行きたい。それに、何よりあのオット生ハムは、本当においしかったんだ。

生ハムのおつまみのレシピ

昭和生まれの人は覚えているだろうか。私が若いころ、生ハムはまだ輸入が解禁されていなかったため、とても高価で珍しい食材だった。国内で作っているところもあったが、生産者はごくわずか。ホテルや結婚式場などでメロンの上に載せられて、うやうやしく提供されるようなものであり、コンビニで気軽に買えるような代物ではなかったのだ。東京へ遊びにきた父親がデパ地下で買ったものの、保冷バッグが手に入らなかったため実家へ持ち帰ることができず、私のアパートへ置いていった事件は、いつまでも恨みがましく語られていたものだ。

生ハムは上等であればあるほど、余計な手を加えずそのままワインと一緒にいただくのが一番おいしい。だが安い生ハムにも別の魅力がある。そのしなやかな肉質が、他のどんな肉よりも「何かを巻く」のに優れているのだ。例えばアスパラガスなら豚バラ肉でも普通のハムでも巻きやすいが、ソラマメなど小さくて摩擦係数が低いものを巻きたいときは、生ハムの出番だ。

春。お花見のときなど私は、ソラマメの生ハム巻き串揚げをよく作る。ソラマメはサヤごとゆでるか焼くかして豆を出し、薄皮からも出しておく。細長く切った生ハムを、ソラマメひと粒ずつに巻きつける。2、3粒ずつひと串に刺して、小麦粉、溶き卵、パン粉の順につけ、180度の油でさっと揚げる。パッと見は単なる串カツかなと思わせておいて、食べると春の息吹が口の中に広がる逸品だ。おためしあれ。

なかぱんのチキンバスケット

千葉県の南房総には至宝がある。名前を「なかぱん」という。

今住んでいる世田谷は、東京でも指折りのうまいパン屋の街だ。テレビや雑誌でおいしいパン特集が組まれると、近所の店があれもこれもと出てくる。街歩きの番組が近所にやってくると「あのパン屋が出るんじゃないか」と予想できるし、その予想はたいがい当たっている。食べものと関係ない、自転車生活をオススメする記事にすら「これさえあれば、世田谷パンめぐりも楽しい」などと書かれていたりする。うちから歩いていける範囲においしいパン屋がいくつもあるのは、ここに引っ越すまで思いもよらなかったしあわせである。

歩いていけないパン屋も、チェックは欠かさない。東に新しいビルができればどんなパン屋が入っているか気のすむまで調べるし、西にパリのバゲットコンテストで優勝したパン屋が上陸したと聞けばむりやりにでもスケジュールを組む。そしてSNSに「バゲット・フェルマンタシオン・ラント最高！」とか「セーグル・ノア・ドゥーヴェルニュの水分量は好みではないものの味わい深い」などと、わかった風な投稿をする。先日はフォロワーさんに頼まれて、ついに「じろまるパンマップ」まで作ってしまった。いっぱしのパン通気取りである。

ごはんもパンも平等に愛しているつもりだが、買い物だけはパンのほうが圧倒的に楽しい。ずらっと並べられたパンには、人を興奮させる何かが含まれているんだと思う。シュシュッと林立するバゲットの美しさ、ふわふわともっちりのどちらかなんて選べない食パン、オリーブ香るフォカッチャに、ドーンとでかいカンパーニュ。そして酸いも甘いもしょっぱいも載せ放題、巻き放題、入れ放題の華やかなパンたち！　おにぎり屋では「今から自分が食べられる量」を冷静に計算できる頭が、パン屋に入ると途端にネジが吹っ飛ぶ。かくして今日もトレイの上にあれこれとパンを載せ、トングをカチカチいわせながら店内を何周もするのである。

と、世田谷パンライフを満喫している私だが、心のベストテン第一位はもう何十年と揺るぎない。なかぱんである。物心ついてからずっとなかぱんである。なかぱんは世田谷ではない。東京でもない。千葉県の館山市にあるローカルパン屋だ。正式名称は館山中村屋。創業は大正時代で、二〇一九年で一〇〇周年を迎えた。一〇〇年もの間、南房総人の胃袋をぎゅっとつかんで離さず、いつも地元民でいっぱいなのはもちろんのこと、都会へ出ていった南房総人にも激しいなかぱんロスを強いるのである。

たとえば私は世田谷で「なかぱんに似ている」という理由だけで愛しているパン屋がある。当のパン屋にとってはいい迷惑だろう。だって人間にたとえてみたら、ひどい話だ。「地元で好きだった人に似ているから、君のことが好き」なんて言い寄ってくる男がいたらどうだ。ふとしたしぐさに「そうそう、そういうところが似ているんだよ！」と大喜びされたらどうだ。最低だと思わないか。だがその最低なことを私にさせてしまうのが、なかぱんの魔法なのだ。なかぱんの魔法は永遠にとけない。たまに帰省すれば、親の顔を見るより先になかぱんへ行く。東京へ戻るときは、なかぱんの一番大きな紙袋にどっさりなかぱんを詰めて帰る。生まれ変わったら次はなかぱんでコロッケサンドを作る人生を送りたい。本気でそう思っている。

なかぱんの朝は早い。今は七時、私が高校生のときは朝六時四〇分が開店時刻であった。

館山で高校生活を送った人なら、ピンと来るだろう。この時間は「朝、部活やら自習やらでいつもより一本早い電車に乗った生徒のための時間」なのだ。たとえ早朝でも朝ごはんやランチのパンを買うことができる。もちろん私のように「部活も自習もするつもりはないが、いつもの時間だと混むから、早い電車で行こう」といやしい生徒にも、なかぱんは優しい。開店からびっしりフルラインナップで、我々を迎えてくれる。

南房総は人口が少ないため、電車は一時間に一本しかない。そして高校は館山に集中しているので、多くの生徒が電車で館山へ通うこととなる。なので八時の館山駅は、上りからも下りからもほぼ同時に到着した高校生でいっぱいだ。その生徒たちが一斉になかぱんへ入るものだから、そこがどんなに厳しい戦場だったかわかるだろう。今はトレイにトングで取るセルフスタイルだが、当時はケースの向こう側にいる店員さんを捕まえて取ってもらう方式だったため「どれにしようかな〜」などとのんきに構えていては、一生パンにありつくことはできない。

店に入る前から明確なビジョンを脳裏に描き、入店後ただちに「このひと」と決めた店員さんをロックオンし、よどむことなく「コロッケサンド、スモールツナ、ぶどうパンにピーナッツクリーム」と告げる。それが、なかぱんのお作法だ。とはいえそう毎日、キリキリしてもいられない。ゆっくり周遊しながら選びたいときもある。なので一本早い電車なのだ。

「一時間も早起きしたらお弁当作れるのに」などと言ってはいけない。なかぱんが食べたい昼があるのだ。なかぱんでなければおさまらない腹があるのだ。

私はなかぱんが本当に好きだった。館山にいてなかぱんに寄らなかった日は、おそらく人生で一度たりともないだろう。


浮世舞台の花道は、表にも裏にもなかぱんがある。あらゆるタイプの思い出が、なかぱんを舞台に生まれていた。生まれて初めてハンバーガーを食べた日のこと。初めて子どもたちだけで喫茶室へ入り、一〇歳のくせにその中では一番の年長者だからとカッコつけてコーヒーを頼んでしまった日のこと。いつものようにコロッケサンドを含む大好きセットを買っていたら、憧れの先輩に「お、パン三つも食うのか。育ち盛りだね」とからかわれて真っ赤になった日のこと。

一六歳の五月三一日に、なかぱんにいたことも覚えている。その日は初夏と思えないほど日差しが強く、学校からの帰り道に友人と「しかし暑いねー」「でも明日から衣替えだからよかった。やっと制服の上着脱げるよ」などと話しながら駅へと向かっていた。あまりに暑いからと、なかぱんでソフトクリームを食べていこうと提案したのはどちらだったのか。ともかく私たちは本店二階の喫茶室へと飛び込み、涼しい店内でなかぱん特製モカソフトを注文した。

うやうやしく運ばれてきたコーンを待ちきれぬかのように「いっただっきまーす」と勢いよくつかんだ。するとあまりに勢いがつきすぎたせいか、それとも私が生来の不器用で手元が常におぼつかないせいか、モカソフトはスポっと指をすり抜け、ひゅるひゅると宙を舞い、私の髪にワンバウンドし、鼻先をかすめ、制服の肩にべっちゃりと着地を決めた。「ひゃっ」と声を上げた次の瞬間、もう笑いがとまらない。まるでマンガみたいでおかしいし、肩にソフトクリームが載っているのもおかしい。さっき自分が上げた「ひゃっ」を思い出すとなおおかしい。女子高生の笑いは一旦始まるともうとまらない。私たちはゲラゲラと腹を抱え、息も絶え絶えにアイスを拭き取り、ひたすら「明日から衣替えだから」「よかった、明日から衣替えだから」と同じ言葉を繰り返した。あまりに笑いすぎて、二階から降りる階段を踏み外したのだが、むしろそちらは重要なことではなく、ただひたすら肩にソフトクリームが載った自分がおかしかった。

そう、なかぱんには「二階」というお楽しみがある。一介のパン屋としては広すぎるその喫茶室では、またあらゆるタイプの思い出が生み出されていた。なかぱんの二階が私にとってどれほどの存在だったのか。どんなに言葉を尽くしたところであの夏の日に帰ることはできないけれど、ひとことで言うならこういうことだ。一日で五回行ったことがある。

高校の夏休み、私はほぼ毎日のように館山の図書館へ行っていた。地方出身の人にはわかっていただけるだろうが、田舎というのは図書館が弱い。うちの町にも図書室がないわけではないが、それは幼稚園のプレイルームサイズの部屋に、方向性も何もない雑多な品揃えの本がしょぼしょぼ置かれているだけのものだった。なので高校へ入り、電車の定期券を手に入れ、いつでも館山の図書館へアクセスできるようになったときは飛び上がって喜んだものだ。したがって休みともなれば、いそいそと図書館へ馳せ参じる。いちおう受験生なので、あくまでも勉強のためという設定だ。そして朝イチで館山に着くと、まっすぐ図書館へ向かえばいいものを、習慣というのは恐ろしいもので、ついなかぱんへふらふらと入ってしまう。いつもの電車が着くのは、ちょうど二階が開く時間でもあり、ここで図書館が開くまでちょっと一休みをする。図書館へ着いても、いきなりフルスロットルで勉強に没頭するわけではない。三々五々集まってくる友人どもと「やあ」「暑いね」などと小声で会話しなければならないし、なんならちょっと表へ出て楽しいおしゃべりもしたい。そんなときに誰かが「なかぱん行きたい」と言おうものならもうダメだ。「さっき行ってきたばかり」のことばをぐっと引っ込め、また二階へ戻る。

昼になればなったで先輩が「おう、なかぱん行こうぜ」と誘ってくる。断ることはできない。なのでなかぱんへ行く。午後は午後で眠気を覚ますためにコーヒーが必要だと誰かが言い出し、またなかぱんへ行く。ちょっと勉強したら、もう夕方だ。図書館を後にし、駅へと向かう。だが悲しいかな、わが南房総の電車は一時間に一本しか走っていない。仕方ない。時間調整のために、なかぱんへ行く。一日費やして勉強は二時間、なかぱんは五時間。思い出の中のなかぱんの風景がなぜかいつも夏なのは、こういう記憶からなのかもしれない。

二階のメニューは非常に豊富だった。コーヒー紅茶ココアなどの定番はバリエーションを含めひととおり揃っており、それ以外にも謎のイタリアンドリンク「ビチェリン」や、ローカル色たっぷりの地元の牛乳、カルピス、ミルクセーキなど何でもある。食べ物もパン屋らしくサンドイッチやピザ、ホットケーキは最高に美味しいし、当時はなかったが今はカレーやシチューもある。一日に何度行っても飽きることはない。だが昔も今も二階のキラーコンテンツであり、スーパーヒット商品であり、シグネチャーメニューと言えるのは「チキンバスケット」で異論はない。

チキンバスケットとはその名の通り、バスケットに入ったチキンのことで、鶏肉を何らかの方法で揚げ物にし、かご（バスケット）状のものに詰めればそれはもうチキンバスケットを名乗ってもいい。どちらかというと古いタイプの洋食で、都内にも出す店はいくつかある。

だが南房総の人間は、なかぱん以外のものをチキンバスケットと認めることはない。なかぱんがチキンバスケットで、チキンバスケットがなかぱんだ。あの地で育ったものはみんなモリモリとチキンバスケットを食《は》んで育つ。私にとってチキンバスケットがどれほどの存在だったのか。どんなに言葉を尽くしたところであの夏の日に帰ることはできないけれど、ひとことでいうならこういうことだ。チキンバスケットで好きになった人がいる。

お小遣いの少ない高校生だったから、誰かがおごってくれるという話には基本的に飛びついていた。そして私が餌付けをしたくなるような顔をしているせいか、アクセサリーなどプレゼントされた経験はほとんどないというのに、先輩はもとより、同級生や後輩にすらよく食べ物をご馳走してもらえる人生だった。購買で会うといつもコーヒー牛乳を買ってくれる後輩や、うちの高校御用達の何でも屋「小倉商店」で会うといつも私の分のカップヌードルも一緒に支払ってくれる先輩など、いまだに感謝の気持ちしかない。

ある日の放課後、なんとなく帰りがたい数人でおしゃべりをしていた。昼間だったように覚えているので、おそらく期末テストなどの関係で、授業が早く終わったか何かしたのだろう。特に真剣な話し合いをしているというわけではなかったので、みんな適当にトイレへ行ったり、水を飲みに行ったり、隣のクラスの人が通りかかればそっちへ行く人もあったりとフリーダムに過ごしていた。すると何かのタイミングで、ある男子と二人きりで教室に取り残されるかたちとなった。彼のことは嫌いというほどではなかったが、どちらかというとちょっと苦手な、話しかけるとめんどくさいタイプ。居心地悪いなあ、私も用事があるフリしてどこかへ逃げちゃおうかなあ、などと良からぬことをぼんやり考えながら話していると、なぜかチキンバスケットの話題になった。しかも彼はバイト代が入ったばかりだとかで、なんとおごってくれると言う。ええ!? 聞き間違いじゃなくて? 本当に? 本当にチキンバスケットをおごってくれるの?

さあ、こうしちゃいられない。急げ、急げ。彼の気が変わらぬうちに、なかぱんへ急げ。私はソッコーで帰る準備をし、男子を急かし、チキンバスケットへの道を小走りに進んだ。途中で追い越したクラスメイトに「そんなに急いでどうしたの」と声をかけられても、生返事で突き進んだ。急げ、急げ。それまで仲が良いわけでもない微妙な関係の男子だから、共通の話題を探すのには四苦八苦した。話好きなタイプでもなかったから、会話が弾んだとも言いがたかった。だがすべてをチキンバスケットが助けてくれた。二人の間に存在するチキンバスケットが、変な間や気まずい時間を埋めてくれた。しかも食べ終わるころには、私はなんと彼のことを「男として好き」とまで思うようになったのだ。チキンバスケットの魔力がどんなにすごいかわかるだろう。人の心をもコントロールする、本当に恐ろしい食べ物なのだ。

夏休みの二階は観光客や帰省客が加わるため、いつもごった返している。すぐには空いた席が見つからず、広い店内を見渡して同級生を探し、椅子に半分だけお尻をのっけて「早くどきなよー」「えーあと五分待って。食べちゃうから」と交渉したことは数知れない。そしてさらに客が詰めかけ、いよいよ飽和状態となると、なかぱんは奥の手を繰り出す。ふだんはスタッフが使っているであろう長机とパイプ椅子の殺風景な部屋を、お客に開放するのだ。私はこの特別な部屋が大好きだった。二階の客席右奥にある、非常口のような扉からいったん建物の外に出て、非常階段のような足音がカンカン響く通路を進み、コンクリでできた三段くらいの階段を上ったり下がったりしてようやくたどり着く小部屋。それはまるで違う世界に入り込んでしまったようで、できることなら毎回この部屋でいいなと思っていたものだった。クリームあんみつのことを「三重県」の発音で「クリあん」と呼ぶM先輩や、いっつもノンアルブルーハワイを飲んではカクテル気分にひたっていた同級生のJ、ミルクコーヒーとクリームコーヒーの違いについて侃々諤々《かんかんがくがく》争っていたTとS、みんな思い出の中では半袖の制服を着て、特別室で私の目の前に座っている。実際は長袖のこともあったろう。普通の座席だったかもしれない。だが戻れるならあの夏の日、あの特別室へ、という気持ちが記憶を編集させる。

今地元にいる誰に聞いても、あの特別室のことを知らないという。もう使われていないのか、それとも最初からそんな部屋は存在していなかったのか。それを探るために我々はアマゾン、いやなかぱんへと向かいたいと思う。できればチキンバスケットをおごってくれる先輩と一緒に。

3
飲み屋の思い出

餃子のおんがえし

むかしむかし、あるラーメン屋におじいさんと私がおったそうな。

おじいさんは激怒していた。「普通ラーメンと餃子を頼んだら、それは餃子が前菜で、ラーメンがメインということだろう！　普通それくらいわからないか！　ラーメンが先なんて普通じゃない！」と、邪智暴虐な大声を出していた。

おじいさんには道理はわからぬ。けれども餃子の立ち位置については、人一倍に敏感であった。「普通」「普通は」を連呼し、自分が絶対正しい、正しい自分は間違った店員を叱りつける権利があると勘違いをした。怒号はエスカレートし、誰にも止められぬ。もうそんなケチのついた餃子なんていらない！　ラーメンもいらない！　金は払わん！　帰る！

……で、ラーメンは食べ終えていたにもかかわらず、おじいさんは店を出て行ってしまった。

おじいさんの言うことは、わからんでもない。だがそれは彼がビールを飲んでいた場合に限る。ラーメンと餃子という注文にビールが加われば、提供される順番には特定の期待が生まれる。まずビール。何は無くともビール。一刻も早くビール、である。ビールの登場は早すぎて困ることはない。

そしてビールが来たのなら、次は餃子だ。ラーメンでビールを飲めないわけではないが、水分が多くアルコール度数が低い飲み物であるビールは、辛いもの、しょっぱいもの、ドライなものが合う傾向にある。ラーメン上の焼き豚やメンマをつまみにできないことはないが、それでは麺が伸びてしまう。なので「即ビール、そのうち餃子、それらを食べ終わった頃合いのラーメン」が理想的と言える。

ただそれはあくまで「理想」だ。「普通」ではない。まして「普通＝当然のこと」として、他人に強いるものではない。客単価五万円の店ならともかく、ここは街のラーメン屋である。気軽で気さくな街のホットステーションである。「俺の理想を向こうが察して、理想通りのおもてなしをしろ」を押しつけるのは、ちょっとはしたない。ゆずれぬ順番があるのなら「餃子を先に出して」と、最初にひとこと言えばよかったのだ。

ともかくかわいそうなのは店員さんと、同じく怒号に耐えた餃子である。店員さんにも餃子にも罪はない。突然わあわあと怒鳴られ、不要品扱いされ、ぽつねんとしている餃子のやるせなさ。身の置き所がない、かわいそうな餃子。私はたまらなくなって、つい声をかけてしまった。

「その餃子、私にください。ちょうど注文しようと思っていたんです」

うそ、だ。でもいい。この店ではまだ餃子を食べたことがなかったんだもの。幸いまだ熱々だったし、意外なことにとても、とても、おいしかった。ラーメンもチャーハンも「まあまあ」の店だったが、餃子は頭ひとつ抜けていた。それからその店は私にとって「餃子の店」となった。何度となく餃子を食べに来店し、何度となく餃子をテイクアウトした。

もうずいぶん若いときのことだ。その店もとうにない。しかし餃子はその後、何度となく私の人生に現れ「あのとき助けていただいた餃子です」とばかりに、私を助けてくれるようになった。

餃子についてなら、言いたいことがたくさんあった

例えば最初の結婚は、餃子が決めてくれたようなものだ。リクエストにおこたえして餃子をふるまった夜、彼は早すぎるプロポーズをした。「今までオレは姉ちゃんの餃子が世界一だと

思っていたけど、いずみの餃子はそれ以上だ」となり、私は何と戦っているのかよくわからなかったけど、ともかくOKした。新婚当時は本当にたくさんの餃子を作った。うちの冷凍庫は、一〇個ずつ小分けされた手作り餃子のパックでいっぱいだったものだ。

またある日、私は会社の命令で「インストラクタ養成講座」のようなものに通わされていた。自社製品をアピールするため、人前でしゃべる訓練をしてこいというわけだ。まじめと思われるかもしれないが、目も耳も悪く、集中が続かない私は、こういった座学の場合は最前列の真ん中に座るようにしている。そうしないと頭に入っていかないからだ。

講座の初日は、いきなり「今からみなさんにスピーチをしていただきます」というバトルロワイアル形式で始まった。もちろん参加者全員が阿鼻叫喚である。そして講師は「考えるスキは与えないぜ」とばかりに「じゃあ前の人から順番に。あなた、前に出てきてください」と私を呼んだ。

もちろん私とて、阿鼻叫喚だ。しかし講師は「これは最終日のスピーチをよりよくするための叩き台であり、スピーチに慣れるための最初の練習です。なのでテーマはなんでもアリです、とにかく何かしゃべってください」と言う。それならと私は「本当に？　本当にテーマはなんでもいいんですね？」と念を押し、一秒で考えた。「餃子についてしゃべろう」と。

それは大成功だったと言っていいだろう。慣れていない人間は、いきなりスピーチしろと言われても三分間ももたないのが普通だ。まず話すネタがとっさには見つからない。ネタを決めても話が続かない。オチなどももちろんない。まだ三分経たないのかと、時計ばかり気にしながら汗をかくだけだ。

だが餃子についてなら、私は言いたいことがたくさんあった。餃子と出会ってからの我が半生、餃子への異常な愛情、また私はいかにして市販の餃子をやめて自作餃子を愛するようになったか、そんなことを語っていたら三分はむしろ短いくらいだった。おまけに「最初の人が餃子ネタだったから、本当に何でもいいんだとわかってすごく気が楽になった〜」と、他の参加者に感謝されもした。いきなり指名され極度に緊張した私がなぜ、餃子ネタを思いつけたのか。やはり「あのとき助けた餃子」が恩返ししてくれたからだろう。情けは餃子のためならずとはよく言ったものだ。

さて一年ほど前から私は、料理のワークショップをやっている。お店を辞めてから一〇年たち、そろそろまた自分の料理を誰かに食べてもらいたくなったこと、そして自分のレシピを誰かに継承してもらいたいという気持ちが強くなってきたからだ。

どんなことでも、初めの一歩を踏み出すのは勇気がいる。ワークショップをやろうと決めたものの、実際に会場を手配するまでには、何度もためらいと迷いがあった。告知をするときも

「私なんかが教えるなんておこがましいのでは」とか「誰も来ないんじゃないか」など何度も悶絶した。そんな私を後押ししてくれたのは、またもや餃子であった。「そうだ、第一回のメニューは餃子にしよう」と思いついてからは、なぜかスルスルと事が上手く運んだように思う。

そうして開催にこぎつけた餃子ワークショップは、これまた大成功だったといっていいだろう。万端なつもりの準備が突然のハプニングで飛んだり、あるはずのものがなかったり、最後のアクシデントで全員にフル回転を強いたりと、反省点は多すぎるくらいだったが、とにかくやってよかった。とにかく楽しかった。その後も毎月、さまざまな料理をテーマに開催しているが、やたら餃子へのリクエストが多い。先日はついに「春夏秋冬それぞれの餃子ワークショップをやる」という話まで出てきた。なんともありがたいことだ。それもこれも「あのときの餃子」が助けてくれているおかげなのだ。私はそう信じている。

"何か"を入れるとおいしい餃子のレシピ

餃子のアイデンティティは「餃子の皮で包む」ところにあると信じている私には、餃子の中身にタブーはない。どんなものでも包んでしまえば、餃子を名乗っていいのである。したがって今の私の餃子は「真に応用がきく肉あん」を作り、そこへ季節や気分を反映した副材料を足すかたちをとっている。中でも一番よく作るのは、トマト餃子である。トマトは季節を問わず、どこのスーパーでも売られているし、安価であるし、栄養もある。それに赤い色がなんとも気分をアゲてくれる。

基本の肉あん。肉……200グラム／何か……50～200グラム／醤油……大さじ1／油……大さじ2／（水……大さじ1）

ひき肉でも、豚バラや肩ロースを自分で叩いても、フードプロセッサにかけてもいい。ともかく肉をミンチ状にする。そこへ醬油を加えよく練る。ニンニクやショウガ等を入れたい場合は、ここで追加。油はごま油でもサラダ油でもクルミ油でもなんでもいいが、油を入れてから混ぜすぎると変にツルンツルンになってしまうため、全体になじむ程度にささっと混ぜる。

副材料の「何か」は、本当になんでもいい。およそ野菜で合わないものはないし、魚介類もいける。大きく切って存在感を強めにするのもいいし、細かく刻んで一体感を出すのも自由だ。量がどれくらいかも「好き好き」としか言いようがないが、肉と同量くらいまでにとどめておくと失敗が少ないだろう。こちらも加えたらあまり練らずに、全体に馴染めばそれでよし。あとは包んで焼くなり、ゆでるなりするだけだ。いろいろな組み合わせを試し、餃子皮の中の小宇宙を創造してほしい。

私を認識しない酒屋

お酒を飲ませる飲食店をやっていたから、酒屋とのつきあいは非常に密だったと言っていい。うちは日本酒の品揃えはちょっとしたもんだったし、ワインも焼酎も小さな店にしてはなかなかだったと思う。さらにちょっと変わった酒を見つけるとつい買ってしまうという、酒にだらしない店でもあった。なので仕込みが終わった午後はステキなサムシングを探しに、あの店、この店と酒屋をふらふらするのがいつものことだった。

特に家から店への道筋にあるA酒店には、本当によく通った。地の利がいいのはもちろんなのだが、酒の回転が早く飽きないこと、酒の保管状態も素晴らしいこと、そして何よりも店主の酒の好みが私と合致しているため、どんな新製品が入ってこようとも毎回「うん、これも好き」となるのが最高にクールだったからだ。服でもパンでもなんでもそうだが、自分と趣味が合う店での買い物ほど楽しいものはない。そんなわけで、A酒店にはめちゃくちゃ通っていたし、めちゃくちゃお金を落としてもいたのである。

ところがこんなに愛し愛されているはずのこの店の、先代じいちゃんがちっとも私を認識しないのである。週に何度も顔を合わせ、そのたびに酒についての話をし、ちょっとした雑談までキメていくこの私を、まったく覚えようとしない。毎回まるで一見の客、しかも日本酒なんか飲んだこともないような女こども扱いなのである。なんなら「カクテルばかり飲んでないで、ちゃんとした日本酒を飲め」みたいな、ちょっと失礼な物言いまでカマしてくれるのである。

ボケているのではない。どうやら「女が日本酒を好きなわけがない」という思い込みが強すぎて、どうしても目に張り付いたウロコが取れないのだ。長年酒屋をやってきて、日本酒の不遇の時代を見てきたのだろう。ロクに日本酒を飲んだこともない若者に「今どき日本酒なんてダサいぜ」とけなされた過去もあったのだろう。カクテル好きの女子から「甘くてベタベタしておいしくなーい」とイチオシの日本酒をけなされた傷が癒えないのだろう。現店主である息子が「もう時代が変わったんだ。日本酒好きの女性は多いよ」と言っても、なかなか聞く耳を持ってくれないという。

お客として認識してくれないので、当然「私が前回何を買ったか」を記憶しているはずもない。じいちゃんが熱心にある銘柄を勧めてくる。その酒は前回おすすめに従い、うちも購入し

た。だから「とてもおいしかったです」と感想を述べる。すると「ん？　どこで買った？　この酒はそんじょそこらで買えないはずだ。この県ではうちしか扱ってないぞ！　どこだ！」と怒り出す。だーかーらーじいちゃん。あなたの店で、あなたの口からその口上を聞かされて、三日前に私が買ったのです。まさにこの場所で、試飲までさせられて買ったのですよ。もうお忘れですか。

とまあ、そんな感じで毎回戦っていたのだ。だが通うのをやめるわけにはいかない。前述の通り、本当に酒の嗜好が同じだし、そんな酒屋は貴重だ。滅多にない。そして酒にだらしないうちの店には、同じく酒にだらしないお客さんが大勢やってくる。「サッカー部が部活終わりに飲むポカリ」と同じスピードで日本酒をゴクゴク飲む人がいる。ビールをチェイサーに、ワインボトルをガンガン空けていく人もいる。スピードこそ遅いが六時間ゆっくり飲み進め、最終的に一升瓶を飲みきってしまう人もいる。なので、どんなに時間がなくても立ち寄ることができるA酒店は、私を認識しようがしまいが通い続ける理由があった。

もらった領収書には、こう書かれていた

しかし問題なのが、領収書だ。困ったことにうちの屋号「じろまる」は、初めて聞く人にはまず一度で聞き取ってもらえない。本名だから名乗る機会も多いのだが、その都度「ちょっと変わった苗字なんですが」と前置きし、ゆっくり、やや大げさに口を開けて発声するのが常だ。それでも「じろーまる」「たろまる」「ごろうまる」などさまざまな間違いが起きる。ときには「あ、ちょっと、なんだっけ。なんとかまるさん！」と、名前のテイをなしてない呼ばれ方をされたりする。

A酒店のじいちゃんは言わずもがな。領収書をもらうまでが、至難の業《わざ》だ。もちろん、こちらも口頭で聞き取ってもらおうなどという甘えはない。名刺を見せたり、メモ帳に大きく書いて渡したりするのだが、「じろまる」は彼の人生に存在しなかった文字の羅列らしく、毎回、

毎回、文字を見つめる目が不安げに右往左往する。

あるときは「る……る……」と、いつまでもじろまるの「る」に納得できない様子だった。しばし「る」について黙考したのち彼は「る、って本当？　るでいいの？」と聞いてきた。はい、るでいいのです。お願いしますと答えた。もらった領収書には「じろるろ」と書かれていた。

またあるときは「る、てどう書くんだっけ」と問うてきたのち、「まるじろ」と書かれた領収書をよこしてきた。惜しい！　もう一歩だ。

そしてついに「ああ、あんたさんか。確か変な名前の人だったよな」と言われるときがきた。やった……ついにじいちゃんが私を認識してくれた。よし、これからだ、これから築いていけばいい。今から良い関係性を構築していけばいい。さあじいちゃん！

返ってきた領収書には「ちるレろ様」と書かれていた。

塩辛アレンジのレシピ

酒を飲むときに何をつまむか。大いに人を悩ませる、しかしとても楽しい問題だ。なんでもない家庭のおかずで、どんな酒でも飲める人がいる一方、「この酒にはこのつまみ」と合わせ方にとても厳しい人もいる。うちの店は日替わりでメニューがガラッと変わり、和洋中ごちゃ混ぜの店だったから、他人の酒とつまみの合わせ方を観察するのがとても楽しかった。自分では絶対やらない組み合わせも「これをこうすると、合うようになるんだよ」と、お客さんに教えてもらうことも多かったのだ。

例えば、イカの塩辛だ。イカの塩辛はご存知のように、ぐちゃっとして、どろっとして、生臭くて、なんというかその、とても人を選ぶ料理である。好きでよく食べる私でも、お湯をさしただけのお茶漬けはクセが強くて無理だ。そしてワインには絶対に合わせることができない。他の人もそうだろうと思っていた。

ところがある日、赤ワインに塩辛を合わせている人がいたのだ。ちょうど手すきだったのと、好奇心もあって私は聞いた。「ワインと塩辛って難しくないですか」と。するとその人は別の料理に使われていたニンニクを見せると「これと一緒に食べるとワインにも合うんですよ」と言うではないか。本当は生ニンニクのみじん切りがいいとのことなので、急遽用意した。居合わせた他のお客さんにも実験してもらった。ああなるほど。これはわかる。私にはまだベストマッチとは思えなかったが、塩辛の未来が急に明るい光に満たされたのだった。

それから塩辛アレンジはいろいろ試している。レモングラスやバイマックルーを細かく切って混ぜると、暑い国から来た塩辛という感じで、しゅわしゅわした酒を呼ぶ。辛味を追加するのもすっきりしていい。柚子胡椒やかんずり、モロッコのハリッサ……もっと直球で青唐辛子のみじん切りなんか入れるともう、酒が止まらなくなる。バターやマヨネーズとの相性もいい。火を通してもうまい。塩辛は、日本酒の友だけではないのだ。

みるみる煮える寿司

「目の前でどんどん煮えていくお寿司、食べたことある?」

Yは住んでいるところも職場もド近所の友達だ。ついでに行きつけの店まで一緒なので、うっかりすると毎日のように雑談するハメになる。その日もいつものようにどうということもない酒で、なんでもない話を楽しんでいた。

数日前に、雑誌に載っていた寿司屋に行ってきたばかりだとYは言った。記事はべた褒めだったし、実は前から気になっていた店だった。北海道から直送される魚の写真も、自慢の握りもたまらなく美味しそうだった。だから数日前から予約をし、ちゃんとジャケットを着て店へ出かけた。そして時間通りにドアを開け「予約していたYです」と告げたところ、思いがけない出迎えをされたのだ。

「あ、寿司飯終わったから。寿司ないよ」

なんだと。

事前にちゃんと予約していたのに、寿司飯がないとはどういうことだ。いらっしゃいませより早く「寿司ないよ」じゃないだろう。閉店間際の真夜中ならともかく、まだ一九時だ。ちゃんと仕込みしてるのか。どうしたらそんな事態になるのか。

さらに店主は追い打ちをかけた。

「いやなら帰って」

さあ、Yは腹が立った。腹が立ちすぎて、気合が入った。そしてつかつかと店内へ進むと、カウンターの椅子に手をかけ言ったのだ。

「寿司を食べに来たので、寿司をください。待ちます」

Yは一九〇センチ近い、背も声もでかい男だ。「寿司はない、いやなら帰れ」と言い放った店主も、ちょっとひるんだのだろう。「ちっ」と舌打ちし、若い衆に「おい、飯炊け」と命令したそうだ。そして飲みながら待っていると、予想よりずっと早く、寿司飯が用意できたとの声がかかった。

「ずいぶん早く炊けたな?」とYは思った。もしかしたらまかない用に少し残してあったんじゃや?とも思った。だがそれは間違いだった。目の前に、ほかほかと湯気を立てるモノが登場した。「目の前でどんどん煮えていく寿司」とは、シャリが熱々すぎる寿司のことだった。早炊きしたコメを即握った、シズル感あふれる寿司のことだった。

「まさかメシを冷ましもしないで使うとは思わないじゃん。目の前で『あちちっ』と踊ってるのを見ても、まさかそれが俺の寿司を握っているからだとか、その寿司が熱々で湯気がたってるとか夢にも思わないじゃん。立ち上る湯気の向こうでみるみる白く煮えていくマグロの赤身って、どんないやがらせだよ」

蒸らしていないだけあって、コメは見事なアルデンテだったそうだ。すごーい、信じられなーい、とひとしきり騒ぎながら、私にはちょっと引っかかることがあった。

「さっき店主が舌打ちしたって言ったけど?」

「そうだよ、客に向かって舌打ちするんだよ何度も」

やっぱり。あの寿司屋だ。

答え合わせをしてみると案の定、そこは私もかつて行ったことのある寿司屋だった。うちではあまりの舌打ちっぷりから「舌打ち屋」という愛称で呼ばれていた店だ。最初に行ったときの「舌打ち、返事しない、注文を無視する」の無双っぷりは忘れられない。あまりに衝撃すぎて「あれは夢だったのかも」と勘違いし、すぐにもう一度行ってしまったほどだ。もちろん勘違いなどではなく、二度目はさらにバージョンアップした「舌打ち、返事しない、注文を無視する」を堪能することができた。別の意味でシビれた。

「舌打ち屋被害者友の会」の結成

そんなこんなで盛り上がっていると、隣の客が話しかけてきた。

「さっきから聞いてたんですが、僕もその寿司屋にはひとことありましてね」

聞きましょう。

開店直後のまだ他に誰も客がいない時間帯に入ったその人は、若い店員さんの勧めに従い、カウンターの隅に座った。しばらくして店主がやってきたのだが、店内をちらっと見るなり「バカヤロウ！　なんで客なんか入れるんだ！　どこの馬の骨ともわからねえ客を、一番奥に座らせるんじゃねえ！」と、その馬の骨の面前で怒鳴り始めたんだそうだ。馬の骨にだって自尊心はある。それに若い店員さんもかわいそうだ。だから「席、移りましょうか」と申し出た。するとと店主は「ちっ」と舌打ちをしながら「もう、いいわ」と吐き捨てた。

それでもせっかく来たんだからと気を取り直し、黒板にある「北海道直送！極上毛ガニ」を頼むことにした。サイズがS、M、Lと三種類あるというので、一番大きいLサイズを選んだ。蒸す前に見せてくれた毛ガニはなかなかの大きさで、ワクワクしながら蒸し上げる湯気を見つめていたそうだ。

とそこへ、常連とおぼしき客が隣に座った。すると今までの舌打ち無愛想はどの棚にあげたのか、店主は急にゴキゲンな態度で声を張り上げ、今日はどの魚がいいとか、どの酒がオススメだとか、饒舌にアピールしだしたのだ。

「今日は絶対毛ガニだよ。食べてってよ」

「じゃあ食べようかな。大きさ？　小さいのでいいよ」

そこでタイマーが鳴り、カニが蒸しあがったことがお知らせされた。セイロから出されたカニは、食べやすいように手早くさばかれ、皿に載せられ、そして……なぜか隣の客のところへと運ばれた。

え？

いや、あの、それ、僕の毛ガニですよね。さっきからずっと蒸されていたやつ。その常連さんが来る前からずっとセイロに入っていたやつ。それ僕のですよね。常連さん、Ｓサイズでいいって言ってましたよね。僕のはＬサイズですよね。その大きなカニ、僕のですよね。

人間は本当に驚いたときは、言葉が出てこないものだ。その人も言いたいことは山ほどあったのだが、あまりのことに声にならない。やっと絞り出せたのは「あの、こちらの毛ガニはまだですか」の一言だけだった。悪びれもせず店主は言った「今からやります」と。そしてあからさまに小ぶりなカニをつかむと、若い衆に「おい、コレやっとけ」と渡したそうだ。

「そこでやっと、もういいです帰りますと言えました。ビール一本しか飲んでないのにすごく高かった。しかも帰り際に常連さんとこっちを見ながら『寿司も食わねえ貧乏人が』と言ってるのが聞こえましてね。だから、あの店が火事になったら僕が犯人だと思ってください」

共通の敵の存在ほど、人を結びつけるものはない。たちまち私たちは意気投合した。ただちに「舌打ち屋被害者友の会」が結成され、初めて会ったその人と夜遅くまでめちゃくちゃに飲んだ。さらにYも私も「いやいや、そのときは犯人は俺です」「いや私です」と、まだやってもいない犯行を自供した。いい夜だった。

その後も舌打ち屋は、テレビに雑誌に出続けた。そして私も「被害者友の会に入れてくれ」と言う人と出会い続けた。「予約してたのに、店まで行ったら臨時休業だった（連絡なし）」とか「注文お願いしまーすと声をかけたら、常連さんの話が聞こえない、大きな声を出すなと叱られた」とか、予想を超える事例ばかりだ。あの店でいい思いをするには、どれほどの功徳を積まねばならぬのだろう。

舌打ち屋は数年前に閉店した。閉店する少し前に、ボヤを出したそうだ。

まさかな。

まさかね。

寿司飯リメイクのレシピ

家で手巻き寿司をするとき、寿司飯が足りなかったり余ったりすることはないだろうか。私は足りないのがイヤで、つい多めに作ってしまう。ふだんは二人で1合がせいぜいの中年夫婦なのに、手巻き寿司となるとつい2合以上炊いてしまう。すると毎回余る。毎回持て余す。この中途半端に余った寿司飯をどうするか問題は、ずっと我が家を苦しめていた。

そこで余った寿司飯のスペシャリストに、オススメのリメイク法を聞いてきた。教えてくれるのは、南房総市で100年以上続く寿司店「大徳家」の主人、栗原和之くんだ。なれなれしい呼び方なのは、彼が私の幼なじみだからである。大徳家のイチオシは、なんとオムライス。酢飯とはコメに酢、砂糖、塩を加えて作るものだが、その酸味と甘味がリメイク時には違和感となることが多い。カレーならまだしも、チャーハンや、ましてお茶漬けなどには甘酸っぱさがアダとなる。ところがケチャップを使うオムライス（チキンライス）だと、ケチャップ自体にも酸味と甘味があるため、とても自然なのだ

フライパンにバターを溶かし、玉ねぎと鶏肉を1センチ角に切ったものを炒める。鶏肉じゃなくてハムでもいい。輪切りソーセージなんかも私は好きだ。十分に火が通ったら、普通はここで塩コショウをしっかりめに入れて底味を決めるのだが、寿司飯を使うときは薄めにすること。ケチャップはごはんを入れる前、つまり具材だけをケチャップまみれにするのがいい。あとでごはんを入れたときに均一に混ざりやすいし、ここでケチャップに火を入れ、焼くようにして水分を飛ばすことで、オムライスの味が引き締まる。寿司飯に味がついていることを考慮して、ケチャップは通常より少なめにするのがコツだ。

ただ寿司飯リメイクの場合、ホワイトソースやデミグラスソースとは相性が悪いように思う。ここはケチャップだけで完結させるべきだろう。ぜひお試しいただきたい。次に手巻き寿司をするときは、わざと酢飯を多めに用意したくなるだろう。

食べ物で遊んではいけないか

Aちゃんは大企業の華やかなポジションで仕事をする、かっこいい女性だ。頭の回転が良く、知識も豊富、外国語にも堪能とあって、おそらく仕事はできるし、可処分所得はうんと高い。いつも洗練された大人のファッションを着こなし、メイクやスキンケアにも抜かりがない。そんな殿上人と私に何かの接点があるとは思えないのだが、ともかく気づけば好いてくれ、飲みにも誘ってくれ、あまつさえ「私といずみちゃんは考え方が似ている」とお世辞も言ってくれる。そんなある日のこと、彼女が着ていたワンピースがそれはそれはステキで、私はつい「そのワンピースかわいいねえ」と、はしたない声をあげてしまった。

するとと彼女は「これいくらだと思う?」と逆に質問してきた。さあ、わからない。高いのは間違いないだろうが、殿上人の普通がどれくらいなのかがわからないのだ。考えすぎてモジモジしていると、すぐ答えが提示された。

「千円」

えー！

「二着で」

えーー！

「あ、下着のパンツはめっちゃ高いよ。一万円」

えーーーー！

激安ワンピにも驚いたが、高級パンツにも驚いた。しかし彼女は「下着だけはいいものを身につけるの」というわけではないらしい。気に入れば五枚千円のパンツも買う。値段は関係ない。だが「すごく高い」とか「すごく安い」とか「すごく変」とか、人に話すネタになるものしか買わないという。なるほどねと相づちを打ちながら、ふと気づいた。

「ひょっとして、私と考え方が似ているって、こういうところ？」

「そうそう、前に話してたでしょ。どういうレストランが好きかって話のとき」

確かパスタの話をしていたときだったと思う。当時私は、家の近所で愛するイタリアンが二つあった。ひとつはイタリア帰りのシェフが趣味に突っ走った変態イタリアンで、まだパスタフレスカ（生パスタ）が珍しかった時代に何種類ものショートパスタを手打ちし、私に初めての味を次々と教えてくれた店だ。店がヒマなときなど「ちょっと実験してもいいですか」とやってきて、同じパスタを温度を違えて食べさせてみたり、同じ形だけど厚さを違えて食べ比べさせたりの遊び放題。子どものころはよく大人に「食べ物で遊んじゃいけません」と叱られてきたが、大人になってみると、食べ物で遊ぶのはめちゃくちゃ楽しい。近所には同等かそれ以上に美味しい店はあったのだが、私は断然こちらの店をヒイキした。

もう一つは、ご存知サイゼリヤだ。サイゼリヤの魅力については、私が語るまでもないだろう。すごく真っ当なイタリアンが、信じられない値段で食べられる、奇跡のチェーン店だ。あの味が、あの値段でというのもすごいが、昔はその内装も話のネタになったものだ。というのも初期のサイゼリヤは、つぶれた店の内外装をそのまま使う「居抜き」で出店していたため、和風居酒屋みたいな店があったり、コーヒー専門店みたいな店があったりと、各店舗それぞれのギャップが大変面白かったからだ。学生時代は他の店の内装を見たさに、遠くの街のサイゼまで遠征したことも数えきれない。そういう高かったり安かったり、遊びがあったり、誰かに話したくなったりの「ネタになる」で物事を決めることが、私とAちゃんの共通点だったのだろう。

幅二センチのだしまき卵

自分でお店を始めてからも、自然と「ネタになる」ようなことを好んでやっていた。うちの店の外見はダサい。つぶれたダサい焼き鳥屋の内外装をそのまま居抜きで使ったため、どうしようもなくダサかった。そのダサい店で、そこらの居酒屋では出してないようなものを食べられたら面白いと思ったのだ。メラミン化粧板の貼られたダサいカウンターで、ラルドをつまみに、フランチャコルタを飲む。海苔の佃煮ソース味とか、じっくりコトコトあんかけスパゲティ味などのレア物を見つけたら、お客さんと経験を共有する。イチミなど料亭でしかお目にかかれない高級魚も、ふんだんに提供する。他の魚が切れたからといって、フグでなめろうを作るなんて、うちの店くらいなものだろう。

また手が空いているときは、注文品のミニチュアもよく作った。肉のかけらとじゃがいものかけらをていねいに盛り付けた「ミニ肉じゃが」とか、一番細い竹串の先に米粒くらいの肉を引っ掛けた「ミニ串カツ」とか、幅二センチの帯状に卵を焼いてくるくると巻いて作った「ミニだしまき卵」とか、本物サイズを出す前にしれっとミニチュアを提供するのである。あえて本物と同じ器を使うのがコツで、これは何度やっても大いに歓声が上がる、絶好の「ネタにな

る」遊びであった。
　もっとも気合が入るのは、周年記念イベントのときだ。当店は一一月の終わりの一週間はまるまる周年記念ウィークとして、居酒屋からおでんやへと変貌した。しかも普通のおでんじゃつまらない、人に話したくなるような、ネタになるようなおでん屋になるのである。たとえばおでんの花形である大根は普通の青首大根以外に、大きな大きな聖護院大根や、きめ細やかで甘い源助大根も用意する。大きな海老芋をほっくり炊いた上にカルピスバターを載せた「海老芋バター」は、人気ナンバーワンの早い者勝ちだ。注文を受けてからだしで温める大アサリのしんじょや、浜名湖のでかい牡蠣。大きな葉を得るためにキャベツを何個も費やして作る、大きな大きなロ

ールキャベツ。〆は大きな京揚げにうどんをつめた「逆きつねうどん」。どれもこれも大変美味しかった。だがそれだけではない。お気づきだろうか、先ほどからやたら「大きい」というワードが連発されているのを。

そう、大きいものがあれば、小さいものが映えるのである。私は大きなおでんをせっせと作る一方、ミニチュアおでんの製作にも余念がなかった。耳かき一杯ほどの肉を入れたちっちゃなロールキャベツは、細く切った昆布で縛る。小さな大根のかけらは、それらしく円筒形に型抜きする。大アサリのしんじょと同じく殻付きで、ミニあさりのしんじょも作る。小さな海老芋を作るために、生の海老芋を彫刻のように削って一センチの海老芋型にしていく作業は、不器用でイラチな私にはなかなかの試練だったが、それもこれも誰かの驚きと、喜びと、「人に話すときのネタ」になればとの気持ちからであった。もうあんなに純粋な気持ちで誰かのために料理をすることは、一生ないのかもしれない。

Aちゃんとはしばらく途絶えたが、先日一五年ぶりに会うことができた。指定された店は意外にも平凡な料理屋で、ネタを喜ぶ彼女にしてはちょっと肩透かしなチョイスだと思った。美味しくも不味くもない料理を食べ、特徴のない酒を飲みながら近況を話していると突然彼女が「あ、ごめん。ちょっと話がはずんでいるフリしてて」とお願いしてくる。彼女の視線はこちらを向いているが、明らかに私を通り越してその向こうを見ている。しばし会話がはずんでいるプレイをしていると、気落ちしたような表情に変わった彼女が「ごめんね。もういいよ。間違いだった」という。

「話したいんだったら聞くけど？」と疑問でいっぱいの私に、Aちゃんは言った。

「いや、うちの父親が実家の会社から億単位の金を横領した上にトンズラしちゃってね。それで居場所を探してるんだけど、この店に出入りしているという情報が入ったのよ。でも人違いだった。ごめんね、こんな普通の店に連れてきちゃって」

申し訳ないのは、こちらのほうだ。Aちゃんはちっとも変わってなかった。一五年ぶりだというのに、ちゃんとすごい大ネタをぶっこんできたのだ。すごいな、億単位て。

時間差おでんのレシピ

そもそもおでんは大嫌いだったのだ。練り物屋の娘だった母が冷蔵庫に貯めに貯めた練り物を大放出し、大鍋に突っ込めるだけ突っ込んで乱暴に煮る。それが我が家のおでんだった。大抵は終わらない仕事と、空腹でイライラしている父の機嫌とのタイムアタックの日に行われ、一刻も早く作るために強火でガーッと煮る。仕事の手は離せないから鍋の前につきっきりというわけにはいかず、鍋はいつまでもグラグラと煮立っている。熱と水分を得て練り物はパンパンにふくれあがり、気づいた私が火を止めるころには具材の味はすっかり煮汁のほうに出てしまい、出し殻と化した空虚な練り物を延々と食べ続けることになる。「今夜はおでん」とわかると、宿題も手につかないくらいガッカリしたものだ。

おでんをおいしいと思えるようになったのは、日本酒を飲めるようになり、都会でプロの味に触れるようになってからだ。おでんのおいしい店にはだいたいおいしい日本酒があるし、練り物だけではない気の利いたおでん種が用意されている。そこで飲みつつ食べるのは至福であると、ハタチもとうに過ぎてから気づいた。出張に行けばその土地のおでんを楽しみにするほどになっていた。現地で買ったおでん種を自宅で再現してみることも増えていった。

とはいえ家でおいしいおでんを作るのは、至難の業だ。具材はいっぱい、だしもいっぱい、鍋もいっぱい用意して、それぞれ温度や時間を変えつつの下ごしらえ。はっきり言ってめんどくさい。そこで我が家でよくやるのが、時間差おでんだ。三日前から食べつつ準備することで、少人数家族で大きな鍋がなくとも、最終日におでんらしいものが出来上がるステキなやり方だ。

初日。鍋に張った水で手羽先を煮て、鶏スープをとる。おでんのおいしさは、いろんな食材から出るいろんな旨味の相乗効果だ。お店のおでんがおいしいのは、多くの具材を使い、いろんな種類の旨味が混ざり合っているからだ。家庭で同じことをするのは至難の業だが、とりあえず煮汁に肉と魚介のだしの両方を使うだけでグッとレベルが上がるのでぜひ手羽先スープをとってほしい。手羽先の量にもよるが、沸騰してから弱火にして20分ほどで火を止める。手羽先を半分に割ったスペアリブでもいいし、鶏ひき肉をこねた肉だんごでもいい。豚肉でもいいが、クセがないのは鶏肉のほうだろう。手羽先はポン酢やニラ醬油、ラー油などをかけて今夜のおつまみにしてしまう。おいしい。

次の日は魚介だしを追加する。顆粒だしでも、だしパックでも、昆布や鰹節でもいいが、そのまま鶏スープに加えてOK。だしが十分に出たら、塩と醬油、みりんなどでおでんの汁らしい味つけをする。おでんは地方によってかなり味は違うので一概に「こういう味」とは言いにくいのだが、あとから練り物を追加することを考えてやや薄味に。味噌や醬油のタレをかける地域も多いので、その場合はもっと薄味にするとバランスがいいだろう。このだしスープで、大根と白滝やこんにゃくなどを煮て一晩冷まし、味を染み込ませる。大根は多めに煮ておいて、風呂吹き大根としてこの夜のおかずとなる。おいしい。

三日目。ここでいよいよ練り物の登場だ。大根とこんにゃくが入ったままの煮汁で、練り物をさっと炊く。沸騰してから弱火にして10分も炊けばいいだろう。練り物を入れると出汁にかなりおでんらしさが増してくるので、ここでもう一度味見をする。練り物類は「味を出す」具材のため、煮れば煮るほどうま味が出ていってしまうので、この日入れた練り物は割り切って今夜のおかずとする。そのままでもいいし、さっと炙って生姜醤油で食べてもいい。練り物を取り去った煮汁にゆで卵や厚揚げ、ガンモなどを入れ、ひと煮立ちさせてから一晩おく。

四日目。おでん当日である。今夜の分の練り物を足し、沸騰させないよう火加減に気をつけながら温める。三日煮た大根のうまさにシビれよう。

だしまきのレシピ

私はいったい人生でどれほどの卵を食べてきただろう。もしも地獄に「卵を食べすぎたものが落ちるコキュートス」があるとしたら、間違いなくそこへ向かう自信がある。物心ついたときにはもう、家族全員で卵をもりもり食べていた。つい先日も実家で、朝から大きなだしまきをペロリと二つも平らげながら「我々はいかに卵が好きか」の話題で母と弟と盛り上がったばかりだ。その大きなだしまきは「母が喜ぶだろう」と私が焼いたもので、案の定二つでは足りなかったが、それでもみんな幸せそうだった。我が家では今でもおつまみが足りなくなると必ず「卵でも焼くか」の流れになるのだが、それは実家時代から連綿と続く伝統行事であるに過ぎない。幾度となく酔っ払った親から「いずみ、卵焼いて」と命令されてきた歴史が、今夜も私に卵を焼かせる。

初めて一人で料理をしたのも、卵だ。なぜ家に七歳の子どもが一人でいたのか、なぜごはんの時間なのに誰もいなかったのか、今となってはその理由はわからぬが、ともかく私は一人でいて、なおかつ腹ペコだった。それで「そうだ、卵を焼こう」と思いついた。親のやるのはさんざん見ている。大丈夫、できる。卵をボウルに割り、箸で混ぜる。フライパンをあっためたら、右の棚にあるボトルを手に取り油を入れる。そこへ卵を流し入れて焼く。手順は完璧だ。ただ悲しいことに七歳のうっかりさんには、自分が手にしたボトルに「サラダ油」ではなく「みりん」と書かれているのが見えなかった。結果、私はフライパンでみりんを煮詰め、そこへ卵を注ぎ入れ、焦げ焦げのボロボロの甘い何かを作ってしまった。失敗か成功かと問われたら、間違いなく失敗だ。だが「一人でできた!」という達成の魔法が、めげる気持ちを軽く吹き飛ばし、それからも料理を作り続けていく力となったのである。

卵はどんな料理であろうと好きだが、特に好きなのは卵焼きだ。「え、卵焼きなんて、ふだんのお弁当に入ってる日常食でしょ?」と思う人も多いかもしれないが、うちの卵焼きは特別だったのだ。というのも、うちの母は今でいうダブルワークをしていたから毎日とにかく時間がなく、ふだんは手っ取り早いスクランブルエッグしか作らない。そして給食がないときのお弁当は自分で作れと突き放されたものの、当時の私には卵焼きを作るスキルはなく、したがってお弁当に卵焼きが入っていたことは一度もない。そのため卵焼きを食べられるのは、正月や誕生日、運動会などの特別なときだけだったのだ。ハレの日の高揚も相まって母の卵焼きは素晴らしくおいしく、もっと頻繁に食べたいと心から思っていた。そのためには自分で作れるようになるしかないのもわかっていた。それで一人暮らしを始めるや否や当然のように、卵焼き器を買い込んだ。こうして一八歳からの、卵焼き修行が始まったのだ。

大人になるにつれ、よその卵焼きを食べる回数はぐんと増える。そして世の中にはうちとは全然違う、甘い卵焼きが跋扈《ばっこ》していることに気づく。うちの両親は砂糖大好き長崎人にもかかわらず、甘い卵焼きをひどく嫌っていた。外食したり、仕出し弁当に入っている卵焼きが甘いと、いつまでも文句を言っていたものだ。それは長崎に住む祖母も同じだった。ふだんはその大胆な砂糖使いで孫の度肝を抜いてきた祖母だったが、しかし卵焼きだけはしょっぱかった。砂糖をまったく使わないなんて、彼女の料理では卵焼きくらいなものだろう。

そしてどんな偶然かわからぬが、生粋の長崎人である父方の祖母も卵焼きはしょっぱかった。かくして私はしょっぱい卵焼きがデフォで育ち、たまに甘いのに出くわすと「うえ～」と大げさに、地雷を踏んでしまったような表情をして見せたものだ。子どものころはしょっぱい卵焼きが正しく、甘いのは邪道だと心から信じていた。だから東京に出て驚いたのだ。

東京の卵焼きは甘かった。お店で食べても、デパ地下で買っても、いずこも同じ甘い罠。友人のお弁当に入っているのも甘いし、築地の名店はもっと甘いし、卵焼きの有名店はもっともっと甘い。料理本を買っても、テレビの料理番組を見ても、そこにあるレシピは砂糖入りだ。東京で暮らすうち、私はだんだん卵焼きをどうしたらいいのかわからなくなっていった。自分の卵焼きスタイルにすっかり自信をなくしてしまったのだ。

そんな混沌期を打破したのが、結婚である。

住み慣れた東京を離れ、知らない土地での暮らしは辛いことの連続だったが、関西が近くなったため「上方の味」を知ることができた。それは私の人生に、この上ない喜びをもたらしたのである。たぶん、私の前世は大阪人だったと思う。それほど関西、特に大阪の味は最初から何を食べても驚きのおいしさで、ずっと探し求めていたものが見つかったような気持ちになった。幸せの青い鳥は、大阪にいた。私の舌の赤い糸がつながる先は、大阪だった。大阪の味を知って以来、私の料理は大きな変化を迎えることとなる。

特に大きく変わったのは、卵焼きだ。東京でもだしのきいた卵焼きは食べたことがあったが、関西のだしまきはまったくの別物だ。卵が力いっぱいだしを抱え込み、ふわふわのたぷんたぷん。卵とだしと醤油が完璧なバランスで存在し、甘くない。大根おろしが添えられることも多いが、どうぞそのまま自慢の味を堪能してくれとばかりに何もつけずに供する店も多い。私はだしまきにすっかり夢中になり、卵焼き修行はだしまき修行へとジョブチェンジした。理想のだしまきにたどり着くために、どんな店へ行っても必ずだしまきを頼むようになり、だしまきがうまいと評判の店には必ず足を運んだ。あんまりだしまきがおいしかったからおかわりをして、女将さんに「お姉さん、ありがたいけどな、一人で二つは食べ過ぎや」と、たしなめられたこともあったほどだ。

そんなある日、だしまきの神様がとんでもない出会いイベントを仕掛けてきた。大阪のとある庶民的な街。中年夫婦が切り盛りする大衆居酒屋で、私は人生を変えるだしまきに出会ったのだ。

その店の料理は基本的に店主らしき男性が作るのだが、だしまきだけは創業者だというご老人が担当している。注文が入るとよっこらしょと立ち上がり、焼きあがるとまた座敷へよっこらしょと座り込む。かなりのお年に見えるが、だしまきを焼く熟練の手つきは堂々たるものだ。くるくると巻き上げ、最後のひと巻きを終えるとただちに皿に載せ「お待たせしました」と優しい声でカウンターの向こうからだしまきが差し出される。焼きたての、ふわふわの、ふるふるは、これ以上無理！というくらいだしを抱え込んでいて、大量の湯気に見とれているうちにみるみるだしが滲み出てくる。あせらない、あせらない。箸をそっと入れ、ふるふるを崩さないように口からお迎えする。

パクリ。

撃ち抜かれた。おいしいとかおいしくないとか、そういうレベルではなかった。自分が何をすべきか、自分の人生は何を目指すべきかが判明した歴史的なひとくちだったのである。人によっては「こんなだしが多すぎちゃ卵の味が消える」と思うかもしれない。「これよりもっとうまい店がある」と言うかもしれない。だが私にはこれだった。この味だった。卵を口に入れたまま、飲み込むのがもったいなくて、私はただ「うぉ……うぉ……」と、WATERの意味に初めて気づいたヘレン・ケラーのようにシビれていた。ひょっとすると泣いていたかもしれない。これだ。これを作れるようになりたい。こうしてだしまき修行に、最終到達点が設定されたのである。

さて目標は定まったものの、一向にその高みへは近づけない。なぜならレシピがまったくわからないからだ。当時はネットもスマホも、いやそれどころかケータイすらなかったから「空き時間にサクッとレシピをググって」なんてことはできない。かといって自力でいける範囲に本屋もない。料理学校に通うのは性に合わず、そもそも田舎だったから学校自体があるかどうかもわからぬ。しかたなしに手持ちのレシピ本から妄想をふくらませ、いろんなものを足したり引いたりしてみたが、それが正しいのか間違っているのかもわからぬ。それでもなんとか作り上げた妄想だしまきはそれなりにおいしかったが、理想とは程遠いのが悩みのたねだった。

そんな低迷期を打破したのが、離婚である。


こちらから提案した離婚をすんなり受け入れてくれたから、私自身に未練はなかったのだろう。だが私の料理には未練があったようで、夫からは「出て行く前に、レシピを書き残していくように」とのお達しがあった。

「全部はとても無理だよ」

「じゃあ三つくらいでいい」

ということで話し合った末、特に夫の大好物だったローストビーフ、たこ焼き、そしてだしまきの三つを書き起こすことになった。

さて私は考えた。離婚に際してお金もモノもいらないと言ったものの、義父母も義姉も、そして夫も、まあずいぶんいじめてくれたよなあ。レシピを置いていけと気軽にいうけど、レシピとは私のトライ&エラーの繰り返しを経て構築されたもので、つまり知的財産なわけだ。それをむざむざいじめっ子に渡すのはどうだろう。そんな親切をする義理があろうか。ここは最後に意趣返しをしてもいいのではないだろうか。レシピを正確に残したところで、あの家の誰かがちゃんと作れるとは思えないが、やつらに文字通り「おいしい思い」をさせたくない。ううう、どうしよう。どうしてくれよう。

葛藤の末、悪魔が勝ち、私は嘘を書いた。ローストビーフもたこ焼きも、味つけのかなめに変なものを入れてやった。さらにだしまきは、だしの分量をそれまでのレシピの五倍にして書き記した。こんなにだしが多くちゃ形になるわけない。せいぜい失敗すればいい。妻の手料理を惜しむがいい。もう一生、貴様はあのうまいだしまきを食べられないんだよ、はっはっは……とドス黒い気持ちでレシピを渡した。そのあとのことは知らない。

さて一人暮らしに戻った私は、せっせとだしまき修行にいそしみ、巻くのはとても上手になっていた。しかし何度作ってもあの店のだしまきにはならないのだ。なんでだろう。何か根本的に違うことがあるんだろうか。それはいったいなんだ。悩んでいるときふと思い出したのが、あのとき渡した「だし五倍」のレシピのことだ。今まで味つけをどうするかばかり考えてきたが、だしの分量はしばらくずっと固定のままだ。ここを変えてみるべきかもしれない。五倍はイジワル目的で適当に書いた分量だったが、それくらい思い切って多くしてみるのはアリかもしれない。

やってみると五倍は、さすがにご無体な量だった。あとから調べたらこれは茶碗蒸しレベルの分量であり、器に入れて蒸したらなんとか固まるものの、フライパンではおよそまとめることができない配合だった。五倍レシピを鵜呑みにした元夫はさぞかし途方にくれたことだろう。そして四倍も同様、やはりどう焼いてもまとまらない。

だが、ついに三倍で折り合いがついた。とても柔らかく扱いは難しいが、強火で勢いよく焼けばなんとかかたちになる。その姿は見るからにふわふわで、箸を入れるのもためらわれるほどであり、皿の上でふるふる震えている。

そう、あの大阪の店のだしまきとそっくりなものが、期せずして完成してしまったのである。だしまきの神様が、ついに真理を授けてくれたのである。

それからはもう、焼きに焼いた。ことあるごとに、だしまきを焼いた。花見にはだしまきでいっぱいのお重箱を持参し、友達のライブにはだしまきサンドを差し入れした。東京から遊びにきた友達に「時間がないけど、どうしても食べてほしいから」と、車に乗せて名古屋城を一周する間につまみ食いをしてもらったこともある。誰かの家に遊びに行くときも、河原でバーベキューをするときも、もちろん自宅で飲み会するときも、いつもそこにはだしまきがあった。どこかのライブで会った人に「卵焼きの人ですよね」と声をかけられたこともある。なんとキャンプ場で酔っ払った私から、だしまきのおすそ分けをもらったことがあるんだそうだ。人間、どこでどんな縁があるかわからないものだ。

だしまきはさらにいろんな縁を生んでくれた。だしまきが名物の居酒屋を作り、だしまきで取材され、だしまきで本にも載った。「だしまきがうまいから」という理由で、多くの人が、多くの友人を連れてきてくれた。そして「だしまきがうまいから」と知り合いに連れてこられた人が、また別の日に「だしまきがうまいから」と自分の友達を連れてくる「だしまき連鎖」も頻出した。なんと飲み会で「だしまき」というキーワードで話がはずみ、お互いに「だしまきのうまい店を知ってる自慢」を始め、お互いがうちの店の常連だということがわかり、するするとおつきあいまで発展した二人もいる。あれは嬉しかったなあ。

私にだしまきの最終形態を教えてくれた大阪の店は、うちの店と定休日が重なっていたため、店を始めてからはしばらく足が遠のいていた。なんとか訪れることができたのは、その前の訪問から実に数年ぶりのことだった。いつものようにカウンターに座り、いつものようにだしまきを注文するとおじいさんの反応が鈍い。よく見ると数年会わないうちに弱ってきたようで、座敷から調理場へやってくるのも難儀な様子。何よりお姿がだいぶ小さくなっている。それでもだしまきを焼き始めるとシャンとして、またたくまに卵が焼きあがった。

お待たせ、と優しい声でカウンターの向こうからだしまきが差し出された。相変わらずあっつあつで、ふっわふわで、これ以上無理！というくらいだしを抱え込んでふるふるしている。あせらない、あせらない。そっとカウンターからだしまきの皿を下ろす。そして、異変に気づく。なんだこの黒いのは。黄色いふわふわの上に、何か黒いものが載っかっている。よく見るとそれは、ナスのヘタだった。どういうわけか、その、私の、卵の、上に、ナスのヘタがちょこんと載っていたのだった。

「……（えっ！）」

意表を突かれすぎて言葉も出ない私は、ただおじいさんを見つめていた。おじいさんはニカッといい笑顔を返してくれた。あれは冗談だったのか、それともうっかりだったのか。おじいさんは今から二年前に一〇一歳で大往生を遂げてしまったから、今となってはもうわかるすべはない。数えるとこのときはすでに八〇代半ばだったから、少々判断がゆるくなっていたとしてもおかしくはない。

ただ、どういうわけか悪い気はしなかった。こんな記憶に残るエピソードを人生に与えてくれたおじいさんには、感謝の気持ちしかなかった。そして今でも、だしまきをお皿に移すたびにあのナスを思い出す。黄色いだしまきの上に、ナスという画竜点睛を探している自分がいる。

東京に戻ってからも、だしまきライフは続いている。人が来るときはもちろんのこと、おせちにもクリスマスにもピクニックにも、そしてなんでもない日の朝でも昼でも夜でも、私はだしまきを焼く。ただどういうわけか、私が東京で日常的に買える卵はかなり小さい。なので名古屋でちょうどぴったりだった「だし三倍」ではとても固まらないのだ。そこで今は「だし二倍強」くらいまで減らし、だしまき自体も昔に比べだいぶ小さくなった。だがうまくしたもんで、あれから十何年経った中年の胃袋にはこれくらいでちょうどいいのである。かつて一人で二個食べていたのが嘘のようだが。

4 しょっぱい思い出

恐怖の折檻部屋

最初の結婚は、ロクなもんじゃなかった。若すぎるがゆえに、ごく普通の出会いを「運命」と勘違いした私たちは、運命だから結婚しなくてはならぬ、そうだ、結婚しよう！と突っ走った。付き合って三日目にプロポーズ、その週末には彼の実家へ突入していた。法事の最中、女づれで突然現れた息子に周囲はさぞ驚いたことだろう。本当に「若さ」とは「バカさ」と同義である。

義両親もまた、若かった。嫁と戦う体力は十分にあるし、若い女なんかに負けてたまるかという気力もプライドもたっぷりある。東京などというチャラい場所からやってきた嫁に、この土地のしきたりを叩き込む意欲も時間もたっぷりある。そんなわけで私の「多勢に無勢で四面楚歌」な結婚生活は、式の当日からお先真っ暗な予感と共に始まったのだ。

夫の基本スペックは、一日数本のバスしか通らない山あいの小さな町に古くからある神社の本家に、七〇年ぶりに生まれた長男である。物心ついたときにはもう周囲すべての人間からチヤホヤされ、お前は特別な人間なんだよと選民思想を植え付けられてきたという。特に義母はかしずかんばかりに息子に奉仕し、叱るどころか意見を違えることすら一度もなかったそうだ。義母の望みはただひとつ、息子と愛し愛され濃密な暮らしをすることである。息子の結婚を許したのは「結婚＝同居」と思い込んだ義母の、痛恨のミスだった。

さて結婚と同時に地元には帰ってきたものの、息子は一向に同居する気配がない。本当の理由は、実家が駅からあまりに遠く通勤できる距離ではないことと、口やかましい義父と折り合いが悪いからなのだが、義母にはそれがわからない。目の前ではっきり息子に言われても、わからない。イヤ本当はわかっているけど、わかりたくない。息子がそんなイジワルをするはずがないと思いたいのだ。嫁の悪だくみのせいにしたいのだ。なので義母の毎日は「嫁を改心させること」に費やされることになった。

まずは毎日電話をしてくる。

うちの実家にも電話をしまくる。

「電話しても誰も出ない（当たり前だ、みんな働いているのだから）」とまた電話してくる。

「今からそっちに行くわ」という。

私、外出したり居留守を使ったりしてやり過ごす。

怒濤の留守電が入る。

まあこんな毎日だ。

そして週末になると今度は、実家へ呼ばれる。もちろん、ただ「来い」だけでは息子に断られる可能性がある。そのため高価なプレゼントや高価なディナーなどの餌を用意し、ダメ押しのひとことを付け加える。

「うちの庭で洗車すればいい」

そう、夫はなぜか洗車がとても好きだった。キレイにするのならガソリンスタンドでおまかせ手洗いのほうがいいんじゃないかと何度か提案してみたが、どうやら自分で洗うことが好きだったようだ。なのでプレゼントやディナーでは釣られなくとも、洗車の話をされるとホイホイと実家に寄ってしまうのだった。

私はもちろん行きたくない。だがあの時代、あの土地で、嫁が同行しないなんてありえない。「同居もしていない親不孝のお詫びに、週末くらい義両親のお世話をするべき」が当たり前の価値観だった。なので行く。家に着くとあいさつもそこそこに、義母は息子にハヨ車を洗え洗えと裏庭に急き立てる。それは今から嫁に説教するところを、愛する息子に見られたくないからである。

だったら説教するのをやめればいいと思うのだが、それはできない相談だ。なぜなら嫁の陰謀は一刻も早く打ち破らねばならない。一刻も早く嫁を改心させねばならない。だから、ちょっといずみさん、ちょっとこっち来て、早く早く……と、裏庭の息子からは絶対見える心配のない、いつものあの部屋へと私を押しやるのだ。

いつものあの部屋。西日だけが入る洗濯機の部屋のことを、私は心の中で「折檻部屋」と呼んでいた。

あの鏡に映る私は美しかった

折檻部屋は辛かった。毎週、毎週、同じことの繰り返し。「同居をしたくない嫁を改心させるプレイ」が、毎週上演される。同時上映は「早く子どもを産め／ただし男子に限る」だ。私が本当のことを言っても聞かないのは、それが彼女の台本にないからだろう。義母が本当にやらねばならないことは息子と対峙することなのに、どうしてもその勇気はないのだ。そのため嫁をサンドバッグにし、私の言いたいことくらい言わなくても伝われと、心で殴ってくるのだ。

ただ折檻部屋にはひとつだけ楽しみがあった。それは立ち位置的にいつも私の目線の先にある鏡が、人生で最高の「美人鏡」だったことだ。あの鏡に映る私は美しかった。鏡が縦にゆがんでいるためとても痩せて見え、ぼうっと白く曇っているため肌がとてもキレイに見え、西日の角度がフェルメールの絵のようにドラマチックな陰影を落とし、はっとするほど印象的な顔に見えた。慰謝料も何もなく身ひとつで離婚したけど、あの鏡だけはもらってくればよかったなと今でも時々思う。

ああ、もうひとつもらってくればよかったものがあった。豚の置物だ。義両親は私の外見をひどく見下すクセがあり、最初の法事のときからずっと一貫して私を太ったブス扱いすることを隠そうともしなかった。まだ若かった私は相当傷ついたものである。そんなとき、義両親が海外旅行へと出かけた。息子へのお土産は十万円もしたというニットと、三〇万もしたというバッグ。そして嫁へは、明らかに安物とわかる豚の置物だった。さらに「この豚、いずみさんに似てるやろ」というイジワルつきであった。そんないわくつきのものだもの、大事になんてできるわけがない。当然のように、離婚するときに置いてきた。

ただ、今思えばあの豚のデザインは私好みであったのだ。息子に買ってきたあの高価なニットは正直高いだけでダサかったし、高価なバッグはブランドマークだらけで私のセンスではない。だがあの豚はかわいかった。おまけに背中をぱかっと開けると、小物入れになっているというデキる子だったのだ。あの子が今どこでどうしてるのか、それだけは気がかりである。

味ごはんのレシピ

あの結婚生活で一番よく作ったのは、「味ごはん」である。彼の地では味のついたごはん全般を指していて、炊き込みタイプも、混ぜご飯タイプもみんな味ごはんと呼ばれる。具材も作り方も人それぞれだが、義母のやり方はなかなか理にかなっていておいしかった。当時は神社だったため、炊飯器は5升炊き、調味料は湯のみにドボドボ入れて測ったものだが、今は3合で作っている。

コメ……3合／鶏もも肉……200グラム／ゴボウ……1本の半分くらい（皮は軽くこそげる）／にんじん……5センチ／醤油……大さじ3／みりん……大さじ1／油揚げ、青ネギ……適宜／甘めが好きならさらに砂糖……大さじ1〜2

鶏もも肉は1センチ角に切る。ゴボウとにんじんはささがき。油揚げは半分にして細切り。青ネギは1センチ幅に。ゴボウは根元のほうがアクが強いのでこちらから切り始め、水に放していく。先端までできたらさっと水にさらすくらいでもうザルにあげていい。根元と先端で時間差をつけるのである。よく水気を切っておく。

鍋に調味料を入れ、ゴボウと鶏肉を入れてから火をつける。火は強めの中火。2分ほどたったらにんじんを入れる。にんじんは水が出やすいのと、ゴボウと比べ煮崩れしやすいので、ここも時間差をつけるのである。中火に落として調味料の汁気が少なくなってきたら油揚げを入れ、さっと混ぜて火を止める。油揚げは味を吸いやすいので、最初から入れると味が濃くなってしまうので、ここも時間差である。

コメは普通の水加減で炊いておく。味ごはんのレシピは数々あるが、義母は「ほとんど汁気のない状態まで煮た具材を、炊き上がったコメに混ぜる」混ぜごはんスタイルをとっていた。他にも「最初から具も調味料も一緒に炊き込む」完全炊き込みスタイルや、「沸騰したところへ煮汁ごと具を入れ、一緒に炊き込む」ハーフ炊き込みスタイルなどのやり方がある。

自分の好みを探すといいだろう。

具材を煮た鍋はすぐ洗ってはいけない。鶏の脂がまとわりついたこの鍋で、青ネギにさっと火を入れるためだ。脂が回った青ネギはてらっと光って、ごはんのいい彩りとなるのである。よく蒸らしたら最後に青ネギを混ぜ、出来上がりだ。

ごはんのおいしい炊き方

「タクシーといえば」

ハッとした顔で、Kくんが話しだした。

「えらい目に会ったことあるわ。もう俺、生きてタクシーから出られないかと思った」

Kは出張が仕事みたいな、忙しい青年だ。なんの仕事かはハッキリしないが、とにかく出張ばかりしている。出張先ではタクシーに乗りまくるため、ちょっとしたタクシー評論家でもある。そもそもうちの店にやってきたのも、名古屋に出張でやってきて、タクシーで通りすがりに気になったからという理由だった。

「どんなタクシーだったの?」

「それがさ……」

タクシーに乗り行き先を告げたあと、することは二つに一つしかない。街を眺めたり仕事をするなどして自分の世界に没頭するか、運転手さんと話をするか。もちろん逆もまた同じで、運転手側もまた「運転に集中するか、客と話すか」の二つに一つを選択することになる。Kの出会った運転手は、客と話をしたいタイプ、しかも客の気持ちなどおかまいなしに自説を強引に話し続け、最後までご清聴いただかないとキレるタイプだったのである。

話は唐突にも「お客さん、ごはんのおいしい炊き方って知ってる?」から始まったそうだ。まあ無難な話題ではある。日本に住んでいてごはんを食べたことがない人はあまりいないし、ごはんを嫌う人もそうはいない。ふだん料理をしない人でもコメだけは炊くとか、炊飯器だけは使える場合も多い。つまり不特定多数の相手に持ち出す話題としては、多くの「いいね」が得られる予感がある。

「知ってる?」と問われたから、Kは答えようとした。まずは相づちからだ。

「そうですね……」

だがKは、「そ」も言わせてもらえなかった。「そ」の「s音」を発するか発しないかのうちに、運転手が大きめの声で「ちゃんと聞いて、今からごはんのおいしい炊き方を教えてあげるんだから」とさえぎり、グイグイと話し始めたからだ。

話が終わるまでこのタクシー劇場から逃げることは許さない

圧力が強い割には、話がうまいわけではない。「自分の親戚が」とか「こないだもね」とか、枝葉と末節をあちこち何度も行き来し、外堀ばかりを踏み固める。どうやら「炊飯器に何か入れる」のがオチらしいのだが、一向に核心に迫らないうちに目的地にはどんどん迫り、少々不安になってくる。

だが話を早く進めようと「炊飯器に何を入れるんですか」と口をはさんではいけない。「ちゃんと聞いて！」と、運転手からの強い叱責が飛んでくるからだ。そして口ははさませないくせに、運転手の希望するタイミングで、理想的な相づちを打たないとまた叱られる。「ちょっと！　ね？　聞いてる？　ちゃんと聞いてるお客さん⁉」と、狭い車内に運転手の怒号が響き渡る。このあたりでもう「少々」どころか、かなり不安になってくる。不安と不信でいっぱいになる。

「あ、その角で止めてください」

ようやく目的地に着いた。話はまだ終わってないが、目的地に着いたんだもの。炊飯器に何を入れるか手短に話して終わりだろう。そう安堵して財布を取り出したKは、ここから戦慄することになる。

運転手が、話をやめないのだ。

言いたいことを、言いたい順番で、すべて吐き出さないとやめられない人なのだろう。車は止まっている。メーターはもう会計モードになっている。しかし運転手は前を向いたまま、Kの差し出したお金をチラリとも見ずに話を続けているのだ。もちろんドアは開けてくれない。話が終わるまでこのタクシー劇場から逃げることは許さない、というわけだ。

「お金ここにおきますねとか、二千円からでお願いしますとか、何度か話しかけたんだけど無視でな。だんだん怖くなってきて、ひたすら刺激しないように話が終わるのを待って。やっとドアが開いたときは、泣きそうになったよ」

ちょっとしたホラー話となった。


それから数ヶ月後。

街で流しのタクシーを拾った私は、行き先を告げた途端に腰を抜かしそうになった。運転手が挨拶もそこそこに「お客さん、ごはんのおいしい炊き方を知ってる?」と話し始めたからだ。あの運転手は実在した。Kの言ったことは、何ひとつ大げさではなかった。一言一句、同じことが私の身にも起こった。私の言葉はさえぎられ、相づちを適切なタイミングできちんと打たないと叱責され、あっちこっち飛びまくる話を注意深く聞くふりを強いられた。狭い車内には何度も怒号が飛び交った。

目的地に着いても同じだった。ドアは開かない。お金も受け取らない。まだ運転手の話が終わってないからだ。私はよっぽど「炊飯器の中にアレを入れるんですよね」と答えを言ってやろうかと思ったが、そんなことをしたら何をされるかわかったもんじゃない。それでなくとも最初から恐怖のズンドコなのだ。もうここは腹をくくるしかない。私は「答えを知ってるのに知らないふり」の演技をひたすら続け、話が終わるのを待つしかなかった。やっと解答編にたどり着いたときは、泣き出す寸前だった。

ちなみに答えは「おちょこ一杯の日本酒を入れる」である。なんだ、そんなことかと言ってはいけない。態度に出してもいけない。そんなことをすれば「この方法がいかにすごいか」をわからせるために、第二章が始まってしまうからだ。実際のところ私は「あ〜やっと終わった。まあ答えは知ってたけどね」が、うっかり顔と言葉ににじみ出てしまったため運転手のご機嫌を損ねてしまい、まんまと第二章が始まってしまった。待ち合わせに遅れたのは言うまでもない。

じろまる茶漬けのレシピ

この話を久しぶりに思い出したのは、先日買ったコメが信じられないくらいまずかったからだ。コメというものは上を見たらキリがないが、近所のスーパーの激安品でもそこそこおいしくいただけるものだ。好みの水加減さえキッチリ把握しておけば、およそハズレはない。おちょこ一杯の日本酒を入れれば、なおさらおいしくいただける……はずだ。ところがそのコメは、箸が止まるほどの衝撃だった。最初は炊飯器が壊れたのかと思った。次に体調不良を疑った。違う、そうじゃない、コメがまずいんだと気づくまでに、多くのトライ&エラーが行われた。

炊き込みごはんもチャーハンも作った。カレーもハヤシもクッパも試した。予想通り、味の濃いものはなんとかごまかせる。だが中年の体には、味の濃いもの連チャンはちとキツイ。もう少し軽やかで、それでいてまずさを忘れさせてくれるような、ステキなサムシングはないものか。

ということで、私が小学5年生のときから作り続けている、じろまる茶漬けを紹介しよう。じろまるという名字になる以前は「いずみ茶漬け」と呼んでいたこのお茶漬けは、小学生だった私の好物だけで構成されている。具材の香ばしさと、食べている時間の短さが功を奏し、意外にもコメのまずさを忘れさせてくれる逸品だ。

炊いたごはん……茶碗1杯／ベーコン……1～2枚／ザーサイ……20グラム／青ネギ……小口切りにして大さじ1程度／だし……適宜／塩、醤油

ベーコンは厚みのあるほうが存在感が増すが、薄切りしかなかったらそれで構わない。幅1センチくらいに切って、フライパンでこんがり炒めておく。ザーサイは瓶詰めなどであればそのまま、塊であれば薄切りにして

水につけ塩抜きしておく。こちらもベーコンと同じくらいの幅に細切りにしておく。

だしは昆布と鰹節からとるが、インスタントでも構わない。「おいしい」と思える程度に塩で味つけし、最後に香りづけの醤油を数滴たらす。だがオットのように「もう少し醤油がしっかり感じられるほうが好き」という人も多かろう。そこは自分の舌を信じて醤油を入れれば良い。

茶碗にごはんをよそったら、その上にベーコンとザーサイを盛り付ける。青ネギを散らしたら、だしを注いで出来上がり。おいしいコメならゆっくりと、イマイチなコメならまずさに気づかないうちに大急ぎでかきこもう。

たくわんラプソディ

あのころ、二五歳で神社の嫁になったばかりのころ、私の重大な仕事のひとつに「たくわんを切る」というものがあった。

一般の方は「神社の嫁」といっても、何をしている人なのかまったくわからないのではないか。そもそも神主自体がかなりマイナーな存在だ。お寺さんと違って葬式やら法事やらで家庭訪問することもほとんどないし、お盆やお彼岸のときに東奔西走する姿を目撃されることもない。結婚式場でわけのわからない呪文を一〇分くらい唱える姿をチラ見するか、家を建てるときに白い紙切れがついた棒をシャシャッと振ってもらう程度の関わりしかないのが普通だろう。東京に暮らし、友達が誰も結婚しないし、誰も新築の家なんか建てない生活であれば、もう神主の目撃談はゼロ。たまにテレビで見かける程度のものだ。

私も結婚するまでは「神社なんて正月以外はヒマだろう」と思っていた。だから結婚する相手から「うちの家業は神社で、代々神主をやっている」と聞かされても、特に自分の役割などないとタカをくくっていた。大間違いだった。神社はけっこう忙しい。そして嫁のやることも多かったのである。

まず、思ったより人は神社に集まる。これは地域によって違うのかもしれないが、婚家のあたりは毎月一日のお祭りから始まって、なんらかの会合やら講やら寄り合いやらが頻繁にある。その合間に春夏秋冬の例祭があり、当時は建設ラッシュだったから地鎮祭もやたらとあり、さらに近隣の神社の後継者が途絶えたとかでそちらの面倒も見なくてはならず、まあ忙しかった。人が集まれば酒が出る。酒にはつまみが要る。そこで、たくわんなのだ。たくわんなら、それが何かわからない人はおらぬ。どんなに世間知らずなじい様たちでも、見ればそれがたくわんだとわかる。知らないものには絶対手をつけないじい様たちでも、たくわんなら食指が動く。だから、たくわんを切るのだ。

義母にとって「たくわんを切る」ことは「手料理」と同義だった

人寄せの規模によっては、仕出し屋さんからちゃんとしたお膳を取ることもある。しかしそ

んなときでも、必ずたくわんは切らねばならぬ。義母の世代では仕方ないのかもしれないが、どうも仕出しを取ることを「手抜きのズルいこと」と感じてしまうらしい。そのため仕出しを取っても何かしら必ず、自分の手で作ったものを追加しようとする。だから、たくわんを切る。いやちょっと待て、たくわん切るのが「自分の手で作る」ことか？　そもそもたくわんも市販品じゃないか？と思うかもしれない。わかる。私もそう思う。そう提言したこともある。答えは「ノー」である。義母にとって「たくわんを切る」ことは「手料理」と同義だった。まあ本人がそういうんならそうなんだろう。

そのたくわんを切るのが、実に難しかった。ひとつ切っては「薄い」と叱られ、もひとつ切っては「厚い」と叱られる。どれだけ経験を積もうとも、決して合格点は出ない。なぜか。それが、嫁いびりというものだからだ。仮に私の正体がレプリカントで、たくわんを小数点以下一〇〇ケタまでピタリ同じ厚さに切ることができたとしても、義母の判定は間違いなく「ノー」だ。たくわんを切るのが嫁の仕事なら、それを否定するのが義母の仕事だからだ。それでも「お義母さん、お手本を見せてくださいよ」とは言えなかった。義母にたくわんを切らせて、その不均等を笑いものにすることはできなかった。それはさすがにかわいそうだと、うすうす私も気づいていたからだ。

なぜなら義母はとても料理が下手だった。煮物をすれば焦げる。焼き物をしても焦げる。サラダは甘いし、カレーは酸っぱい。イカをゆでればゴムになる。真っ黒いから煮魚の汁かと思ったら、吸い物だという。炊飯器まかせのはずのごはんも毎回固かったりべちゃべちゃだったりで安定しないし、冷や飯を電子レンジで温めるのすらうまくいった試しがない。素材の選び方から、調理の仕方、盛り付けにいたるまで、見ているこちらの胃が痛くなりそうなのが、義母の手料理だった。

「おいしいということばは使ってはいけない」

神社の跡取り娘であった義母は、小さいころから「ええとこの子」としてちやほやされてきた。近所の人たちの接し方も、地元の名士として一目置かれている雰囲気があった。そのため神社の中の人として大勢の人の前に出る機会も多く、人寄せの食事の場を取り仕切る役目をよくまかせられてもいた。だから普通の主婦よりは断然多くの調理経験があり、家族以外の他人に食べてもらう料理の経験値も高かったはずだ。なのにあのテイタラクは、よほどそちら方面の才能がないということなんだろう。

義母にやる気がないわけではない。私のハンドクラフトと一緒で、やる気はうんとあるのにモノにならないだけなのだ。私にはわかる。学生のころから何十年も編み物にチャレンジしているのに、いまだにくさり編み以上のことができず、家に毛糸玉だけがたまっていく私には、義母の葛藤はわかる。やる気も、機会もたっぷりあったのに人並みにできない絶望には共感しかなかった。

しかも料理は、編み物よりずっと女の必須スキル感が強い。ましてあの当時の、あの年寄りだらけの土地だ。「女は料理ができてナンボ」の圧力はものすごかった。だからこそ「料理ができない」というのは、彼女にとって痛恨の極みだったに違いない。そこへ登場したのが、料理自慢の嫁だったわけだ。そりゃあ、いじめたくもなる。つまらない言いがかりをつけたくもなるよ。

マウントの鬼だった義母は、あらゆる場面で私にダメ出しをし、自分がいかにできるかを演出するのに余念がなかった。でも実は、彼女のほうができるものなどたくさんあったし、地元のことは義母を通したほうがうまくいく。だから必死にマウンティングする必要も、本当はなかったのである。ただ言うだけ言ったら義母も気が済んでその日はおとなしくなるので、まあ好きにさせていた。

ところが、料理に関してはそう簡単ではなかった。まず圧倒的に嫁のほうがうまいこと。そして料理と義母との関係はもうこじれにこじれ、修復不可能の段階まできていること。さらに義父や元夫がなんの配慮もせんと、私の料理をうまいうまいと平らげ、わざわざ義母の料理と比較し、「嫁に教えてもらえ」などと最も言ってはいけないことを言い、しかもそれをイケてる冗談と思って連発することが、事態を最悪なものにしていた。

そのうち義母は「おいしいということばは使ってはいけない。何かをおいしいということは、おいしくないものが存在するという意味だから。神様はそんな不平等な考え方はしないから」と練りに練ったヘリクツを使い、おいしい禁止令を出すようになった。私に禁止してどうすると思ったが、義父には言えないのか、察しろということなのか。たぶん、両方なんだろう。ともかくそれから私はこの家で料理を作るとき、義父たちがうっかり「おいしい」と言い出さないように、細心の注意を払ってあまりおいしくしないように料理をするようになったのである。

離婚してから、たくわんの切り方はまったくフリーダムとなった。わざとぶっとく丸太のようにしたり、三角にしたり、ペラッペラに切ったりと、勝手気ままのやりたい放題。厚かろうが薄かろうが味には関係ないんだよ！と息巻いて暴虐の限りを尽くしてきた。でもやはり、たくわんがおいしいのは、あの厚さのときなんである。あの神社で厚いの薄いの言われたあの厚さが、結局一番おいしいのである。悔しいが、それだけは間違いない。

白の大根漬けのレシピ

たくわんを自宅で作るのは、ちょっと大変だ。まず「干し大根」を用意しなければならない。これは大根を皮付きのまま丸ごと干し、両手で持って曲げると、ぐんにゃりU字形に曲がるほど水分を抜いたものだ。市販品もあるが都会ではまず見かけないし、あっても季節モノゆえすぐに姿を消してしまう。自分で干すという手もあるが、郊外の一軒家ならまだしも、都心のマンションのベランダで何週間もホコリっぽい風に当てるのは、あまりおいしそうではない。かつて仲良くしていたたくわん名人のUちゃんは「うちのたくわんが美味しいのは、山おろしのおかげ」と言っていた。大根をほどよく干し上げるには、冷たい山風が必要ということだろう。

干し大根が運よく手に入ったとしても、今度は風味づけに不可欠な「ナスの葉っぱ」と「柿の皮」が売られていない。信州の親戚に頼めばいくらでも送ってもらえるが、そこまでして自分で漬けなくても、という気になる。なんでも手に入るようで、案外都会暮らしは不便なものだ。

そんなわけで私はたくわんを自作するのはあきらめ、家では「白の大根漬け」と呼ぶものを作っている。大根は10センチもあれば十分だし、ジッパー付き保存袋で漬けるため重石もいらない。食べやすい大きさにカットしてから干すので、1時間から半日も干せば十分。甘めの味つけがたくわん気分をちょっぴり満足させてくれる。大根の重量に合わせて調味料の総量は違えるが、大事なのは「砂糖5、塩1」の割合である。この割合さえ守っていれば、大根の大きさがどんなに違っても大丈夫。失敗はない。

大根は厚さ7ミリ程度の輪切りにし、さらに4等分のいちょう切りにする。ザルか皿などに隙間を開けて並べ、風通しの良いところで半日ほど干す。ジッパー付き保存袋に大根を入れ、そこへ上記の「砂糖塩」を全体にたっぷりまぶしてから冷蔵庫へ。気が向けば昆布の切れ端や、赤唐辛子、ユズやレモンなどを一緒に放り込んでもいい。最初は砂糖まみれで「コレが漬物になるのか」とドキドキするが、次の日には大量の水が出ているはずだ。ポリポリを心ゆくまで味わおう。

みどりちゃん

地方から東京へ出てきた人のあるパターンとして「東京の中でもよりスタイリッシュでかっこいい街を好む」があるように思う。私がそうだった。下町や郊外に用はない。なんのために田舎から出てきたと思っているんだ。人情という名のうるさいしがらみから逃れるためじゃないか。コンクリートジャングルによどむ気だるい空気をまとい、群衆の中の孤独を味わうためじゃないか。木々の緑はいらない。おいしい空気も、天の川が見える澄んだ夜空も飽き飽きだ。かっこいい街で、かっこいい都会人になるのだ。そう、私に似合うのは六本木……そんなことばかり考えていた。

バイトするのも、かっこいい街しか眼中になかった。なので六本木のおしゃれカフェの面接に合格したときは、アーバンライフの始まりに鼻血が出そうになったものだ。これで私も都会人。脳裏では「今？　六本木で働いてるの」と語るステキなじろまるさんの妄想がはかどる、はかどる。興奮のるつぼで時給やシフトの話を適当に流して聞いていると、店長が意外なことを尋ねてきた。

「君、どうしてもこの店でなきゃダメ？　うちの系列店が近くにあるんだけど、君はそちらのほうが向いてると思うんだよ」

近く……なら六本木だな。はい、なんら異存はありません。

「じゃあ今からその店に行って説明しよう。お客様との距離が近い分、時給もぐっと上がるし稼げるよ」

私は田舎から東京に出てきた、何も知らない子だった。いやちょっと違う。何も知らないくせに、何もかも知ってるつもりのバカな子だった。若さゆえの根拠のない万能感と、世界が狭いゆえの無敵感に満ちあふれていた。こんな子どもを「君には向いている」「稼げるよ」などという甘言でたらし込むのは、たやすいことだったろう。

連れて行かれた系列店とやらは、お店ではなく、マンションの一室だった。この時点で怪しいと思わなければいけないのだが、無敵の万能ガールは好奇心でワクワクしながらついていく。合言葉を言わなければ開けてくれないオートロックなんて「絶対何かある」のだが、それにも気づかずウキウキとついていく。

部屋に入ってようやく、どういうことが起きているのか私にも察しがついた。女の子がいっぱいいたのだが、全員バスローブ着用なのである。店長に向かって女の子が「ボス、おかえり〜」とシナを作って走り寄ってくるのである。その動作で「バスローブの下は裸」なのがわかっちゃったのである。もう、ヤバいヤバいヤバい。逃げないと。とにかくここから出ないと。そうだ、トイレに行くふりして逃げよう。走れば大丈夫。大丈夫、やれる。逃げられる。

と、逃げる算段で頭を沸騰させていると、店長が私を手まねきした。「ね、今からみんなで出前取るんだけど、どう？　入店記念にご馳走するよ。ここの唐揚げは東京イチおいしいんだ。僕のチョーおすすめ。唐揚げ弁当でいいね？」

なんちゅう、なんちゅうもんを食わせようとしてくれるんや。大抵の人が唐揚げは好きだろうが、私の比ではない。私は唐揚げには本当に目がなかった。太った子どもの常として揚げ物は全部好きだったが、特に唐揚げには激しい恋心を抱いていた。大嫌いな運動会に仮病を使わずなんとか出席したのも、お昼に唐揚げが待っていたからだ。お誕生日会を心待ちにしていたのも、母親が山のように唐揚げを揚げるからだ。自作も好きだし、買ってくるのも好き。当時作っていた料理ノートのトップは、唐揚げをよりおいしく作るため、食べるためのあらゆる考察から始まっていた。

ハタチの食べ盛り。しかも親の唐揚げしか知らなかった実家時代を卒業し、東京でさまざまなタイプの唐揚げとの出会いが爆発していた唐揚げカンブリア紀だ。だから唐揚げ、しかも東京イチおいしい唐揚げと言われたらもう、貞操の危機を一瞬忘れるほどに後ろ髪をひかれてしまったのである。

唐揚げに目がくらみうなずいた私に、店長は「じゃあ唐揚げ弁当を注文しとくね。それ食べたら社長と面接してもらうから、この部屋で待ってて」と言い残し、いなくなった。

逃げるなら今だ。

しかし唐揚げが。

早く逃げて。

でも東京イチおいしいやつが。

みどりちゃん?　みどりちゃんだよね。

女の操と食い意地とのアンビバレンスに身を引き裂かれそうになっていると、バスローブ女子の一人が話しかけてきた。「みどりちゃん?　みどりちゃんだよね。私ミズキ。ほら、歌舞伎町の店で一緒だった」

残念ながら私は歌舞伎町の店にいたこともなければ、みどりちゃんを名乗ったこともない。ミズキちゃんなんて知り合いもいない。だがおかげで、唐揚げにくらんでいた目が覚めた。断腸の思いで立ち上がることができた。私はミズキちゃんに「違います」とつっけんどんに答えると、トイレに行くふりをして逃げた。追っ手をまくため六本木駅を通り過ぎ、乃木坂駅まで走りに走った。

それから数年後。私が働いている職場に、もとはどこかのお偉いさんだという人が嘱託として配属されてきた。まあ、いわゆる天下りである。給料は高い割にやることがないものだから、やたら女性にちょっかい出しては一日をやり過ごす。その人が、私に会うなり「みどりちゃん」と呼び始めたのだ。

今度のみどりちゃんは、大阪は新地の店にいたらしい。もちろん私は新地で働いたこともなければ、みどりを名乗ったこともない。だが嘱託さんはその後も何度も呼び間違え、そのたびに「だって声も所作もとてもよく似ているんだよ」と言い訳をしていた。

それからさらに数年がたった。私は飲食店をやっていた。そこに常連客の一人が「今日は大阪から妹がやってきた」と連れてきた。感じのいい妹さんだった。よく食べ、よく飲み、話も面白かった。ただ、きちんと紹介してもらったにもかかわらずなぜか私のことを「みどりさん」と呼び間違えるのが気になった。

妹さんに「なんで私のことみどりさんと呼ぶの？」と尋ねたときは、もうすっかり妹さんも出来上がっていて「大阪で……よくいく店の……むにゃむにゃ」となり、それ以上のことは聞けなかった。実に悔やまれる。本当のことを知りたかった。でもたぶん、そのみどりさんは、あのみどりちゃんなんだろう。若いころは歌舞伎町で働き、のちに大阪へ移り住んだみどりちゃんは、元気にやってるんだ。なんだか嬉しかった。もはや私の中でみどりちゃんは精神的ふたごのような存在になっていたのだ。

それから時は流れ、先週のことだった。私は映画の時間に遅刻しそうで、イライラしながら新宿伊勢丹の前のスクランブル交差点を走っていた。するとすれ違い様に誰かが「あれ？　みどりちゃん……」とつぶやいたのだ。中年の走りは、すぐには止まれない。だいぶ行きすぎてから振り向いたが、もう声の主が誰だかわからなかった。泣きたくなるような気持ちをグッとこらえ、私は映画へと急いだ。

長編小説「みどりちゃん」はまだ終わっていなかった。次章はまた新宿から始まるのだろうか。何年かしたらまた「みどりちゃん？」と声をかけられるのだろうか。そのときはちゃんとゆっくり話を聞こう。唐揚げでも食べながらさ。

生姜醤油の唐揚げのレシピ

東京イチの唐揚げがどんなものであったか、今となっては知る由もない。ただ昔から、そして今でも、一番好きなタイプの唐揚げは変わらず「生姜醤油味で、片栗粉の衣」タイプである。鶏もも肉３００gに対して、生姜は親指ひとかけらじゃ少ないかな？　くらい多めに使う。生姜の香りと鶏肉の香りが合わさるのが好きなのだ。醤油は大さじ１程度。生姜はおろしたてを使うこと、醤油をまぶしてよく揉み込んだら、あまり時間をおかずにすぐ揚げることがマイルールだ。片栗粉はたっぷり用意し、鶏肉の表面に真っ白にまぶす。

面倒でも、二度揚げするとまるで出来が違う。１６０度くらいの低めの温度でまず揚げる。余熱で火が入ることと、あとで高温で揚げるため、この時点では中まで火を通す必要はない。いったんすべての肉を引き上げたら、今度は180度へと温度を上げる。昔は勘でやっていたけれど、今は優秀なコンロが温度を決めてくれるのでとても便利である。

高温で揚げる際は、一度に全部入れずに、少しずつ揚げていくと油の温度が下がらず、うまくいく。表面をパリッとさせたら出来上がり。

「揚げる」という調理法は、水と油の交換作業である。高温の油と出合うことにより、食材の水分が一部奪われ、そこへ油脂の風味や、高温加熱特有の香ばしさが加わる。そして失われた水分を補いたくなるせいか、酒、ことにビールをうまくする。ぜひビールが冷えているのを確認してから、揚げ作業に入ってほしい。

二八歳の仲人

取引先の担当でもあるTから呼び出されたのは、私が二八歳になったばかりの春のこと。値引き交渉だの、納期の前倒しだの、細々としたやりとりが山のように続いた最後、さも付け足しのように「来月結婚するんだけど、どうしても上司に頼みたくないんだ。だから仲人やってな」と、いきなり仲人を頼まれた。奥さんになる人は、Tと同じ会社の別の部署に所属している。そこの部長とTがいるところの部長は、とにかく仲が悪い。どちらを選んでもカドが立つし、どちらも「当然自分を選ぶよな」と迫ってくる。そこで困った彼が案じた一計がコレだ。

「僕はもちろん部長に仲人をお願いしたいのですが、どうしても自分にやらせろとゴリ押ししてくる友人がいるのです。実家の本家筋の人間なので、うちのような田舎社会では断れない。本当に残念です。申し訳ない」

いうまでもなく私は「本家筋」などではない。単なる友人、しかもそう仲が良いわけでもない。年齢もTより五つ下で、新婦とは八つも離れている若造だった。仮に「本家筋」が本当だったとしても、こんな若者が仲人をやらせろとゴリ押ししてくるのは、ちょっと無理がある設定だ。

だが、まあわからんでもない。なまじ仲人なんか頼んだら、上司とは一生の付き合いになる。一生ついていきたくなるような大人物ならまだしも、たまたま今は上司なだけの、尊敬もできない大人に一生恩を着せられるよりは、少々嘘っぽくても友人にやってもらうほうがいい。私ら夫婦とそこまで親しくないのも、いっそ「一度きりの関係」と割り切れば、清々しいとさえ言える。

「なら、仲人なんて立てなきゃいいのに」

「それはダメ。両家とも田舎だから、仲人のない結婚式なんて許されない。教会ウエディングすら即座に却下されるような家だからな。お色直しもバッチリ四回やる。いいじゃん、仲人は座ってりゃいいんだし。お礼もするしさ。じゃあOKな。また連絡する」

急な話で驚いたが、本当のことを言うと、私はとてもワクワクしていた。人によっては「来月の結婚式に出ろ」だけでも無理があるのに「仲人をしろ」とは何事だと怒り出す話かもしれない。だが多少の変身願望があり、非日常的なことが好きで、毎日の暮らしにうんざりしていた私には、突然降ってきた楽しいイベントだった。むしろ、どうしてもやらせろとゴリ押ししかねない気持ちになっていた。「部長の前でどうしてもやらせろとゴリ押しする本家筋の人間」の演技プランすら、すでに頭に湧いていたのだった。

それにTが式場に選んだホテルときたら！　このあたりでは一番レストランやバンケットに力を入れているホテルなのだ。そこで披露宴だなんて、考えただけで口元がゆるむ。お礼をもらえてごちそうを食べる仲人コスプレ舞台……そこにはもう楽しみしかない。私は帰宅するなり当時の夫を説き伏せ、来月の準備を始めた。

いよいよ結婚式の当日となった。ごちそうに備え朝はコーヒーだけで済ませ、私は仲人姿になるために式場専属の美容院へと向かった。地図を頼りに探すと、そこにあったのは今にも崩れ落ちそうな、どこに入口があるかもわからない、すすけて真っ黒な建物だった。

これが……美容院？

ホテルが提示してきた専属美容院は、いくつかの候補があった。その中で式場に一番近いものを考えなしに選んだのは、自分だ。だが、あの有名ホテルが専属に指名するほどの店なのだ。政財界のご子息の結婚式にも使われると評判のあのホテルが、うちの結婚式のために一肌脱いでくださいとお願いしている美容院なのだ。てっきりパリ仕込みの凄腕ディレクターがリズミカルに仕切る、超絶オシャレサロンだと思うじゃないか。鏡を見て「これが……私？」「あなたの本当の美しさを引き出しただけですよ」という展開を期待するじゃないか。まさかこんな魔女の館が現れるとは。

恐る恐る入ると、中にいたのは予想以上に魔女っぽい人だった。「仲人するんだってね」しわがれ声で魔女は言った。鏡の前に私を座らせると、じっと見つめ「あんたには、粋な髪型が似合うよ」とニヤニヤ笑った。三〇分もすると私の髪は、斜め上に尖ったリーゼントのような、名探偵コナンの蘭姉ちゃんのあの部分みたいな、巻貝になっていた。そしてもう三〇分かけてメイクが終わると、鏡の中には太った白塗りの歌舞伎役者がいた。

「この髪、この顔で高砂に座り続けるのか」呆然としながら会場に戻ると「遅い！」と夫が怒鳴りつけてくる。仲人の挨拶文がまだ出来上がってないのに、妻が俺の世話をしないのはどういうことか、とカンカンだ。そこへ新郎の親族が「仲人さん、大変よ。新郎新婦がケンカ始めちゃってるのよ」と言いに来る。ケンカの原因は、新婦の親友と新郎が浮気してたことだという。なんで、よりによってこのめでたき日にバレたのか。あえてバラしたのか。なんて日だ。

なんとか引き離し、親類も総出で落ち着かせると、今度は新郎の母親が「仲人さん、きれいねえ。花嫁よりずっときれいだわ」と、花嫁に聞こえるように言葉のパンチを繰り出す。この白塗り巻貝を見てどの口が言うかと、私は苦虫を嚙みつぶす。おとなしく黙っているタイプではない新婦は「前から思ってたんですけど、お義母さんて年齢の割に老けてますよね」と直球

ストレートを決める。そこへ新郎と浮気してた親友が「私もう帰るわ。実はあんたのことずっと嫌いだった。じゃあね」とご祝儀を投げつけにくる。「いらんわ、こんなもん！」と激昂した新婦がそれを投げ返す。

これが……修羅場？

それでも人は結婚するのだ。それでも人は、結婚式を続けさせようとするのだ。一度始まった式次第は止まらない。ピリピリしながらも神前で何かを誓い合い、モヤモヤしながらも披露宴は始まる。夫は相変わらずカンカンだし、新郎は新婦と目を合わせない。されど、お色直しは何度も繰り返される。なんなんだ、この茶番は。

まあいい。私の目的はごちそうを食べることだ。もう一つの目的である「仲人コスプレ」の夢は白く塗りつぶされたけど、食べ物が待っている。食べ物は裏切らない。さあ、ご歓談の時間になったぞ。いっただっきまーす。

するり、夫が近寄ってきた。「俺が苦しんでるのに、よく一人だけ食おうなんて思えるな。まだ仲人の挨拶文ができてないんだぞ！」

知らんがな。今ならそう言える。だったら私が喋ろうか？　そういうの得意だし。今ならそうも言える。だが私はまだ二〇代の弱虫で「女は男に従うもの」という、古き悪しき慣例にもまれて育った昭和ミドル世代だった。一方夫は、周囲の女性すべてが夫に付和雷同してくれる環境で育っていたため、妻が自分の意思に反することが大嫌いだった。それは例えば「私はフィレオフィッシュにする」というような場合でもだ。「俺がビッグマックなんだから、お前も一緒のものを食べるべき」と、さも当然のように考える男であった。

海の幸のゼリー寄せが、ロブスターが、ステーキが、供されては、そのまま手つかずで下げられていく。朝からコーヒーしか飲んでない上に、修羅場でエネルギーを使いまくったから、お腹はペコペコだ。だがビールを飲もうとするだけで、向こうから夫がにらんでくる。にらむヒマがあったら挨拶文を考えろとイライラする。それでまた腹が減る。もう私の願いは一つだけ。「はよこの茶番劇が終われ」だけであった。白塗りも、巻貝ヘアもうんざりだった。たくさん撮ってもらった写真は全部辞退した。

結婚式が終わって一ヶ月ほどたったころ、Tが仲人のお礼を届けにきた。「新婦の実家はメロン農家をやっているから、タダなんだ」とニコニコしながら、メロンを三つ抱えていた。その情報いらんがな、と心から思った。そして彼らは離婚した。ほどなく我々も離婚した。

メロンの浅漬けのレシピ

実はそんなにメロンは好きではない。嫌いではないが、自ら買うことはまずない。ところがメロンを大きく育てる過程で間引いた、小さな実はなぜか大好きなのである。洗って、ヘタの部分をちょいと落としたらもう下ごしらえ終了の手軽さもいい。香り高いキュウリのような風味と食感もいい。近所のスーパーで見つけると、せっせと買ってはいろいろに調理している。

もっとも多く作るのは、手軽な浅漬けである。これはただ塩漬けやぬか漬けにするより、少しの甘さと、少しの酸味が加わるとメロン摘果の個性が生きるように思う。ひとくち大にカットし、重さをはかり、2パーセントの塩を加えたらそれと同じか、若干少なめの砂糖を足す。砂糖でなくてハチミツでもいい。さらにレモンの薄切りを加えたら、軽く重石をして冷蔵庫へ入れておく。次の日には食べられる。

もう一つ、アチャールやピックルと呼ばれるインドの漬物にするのも最高だ。先ほどのあっさり浅漬けとうってかわって、こちらはウルトラしょっぱく、スーパー辛く、アルティメット油っぽく作るのが好きだが、それでも残る果物らしさがクセになる。うちのカレーのお供には、なくてはならない存在だ。

小さめのひとくち大に切って、小エビ等と一緒にかき揚げにするのもおいしい。カラッと揚がった熱々を、カレー粉と塩を混ぜたカレー塩か、ゆかりをふって食べる。意外にジューシーなので、火傷に注意。

私たちが「ごはん」を描いてしまう理由

［特別対談］渡辺ペコ×じろまるいずみ

私たちの、母の味

じろまる　ペコさんのマンガを見ていると、料理好きなんだろうなあって思うんですよ。

渡辺　ありがとうございます。もともと好きだったはずなんですけど、最近はだんだん手を抜くようになって……。

じろまる　それはしょうがない（笑）。

渡辺　しょうがないことでしたか（笑）。

じろまる　作れるけど、全然作りたくないですよ。毎日夕方になると「作りたくない……」って思う。

渡辺　夕飯ってどういう感じで決めてらっしゃいますか？　どれくらいのレパートリーでまわしているんでしょう。

じろまる　レパートリーね、年をとると、自分がそのメニューを作ったことがあるかも忘れちゃうんですよ。昔のノートとか見ても。

渡辺　レシピノートみたいなものがあった？

じろまる　レシピノートというより、「今日何作ろうかな」というのを書いていたんですね。ブロッコリーがあるなら、残ってるしいたけと合わせてこうして、とか……熱心だったころはそのノートを毎日つけていて。

渡辺　ちなみに熱心だったのっていつごろですか?

じろまる　やっぱり最初に結婚した、二五歳くらいのころかな。

渡辺　ああ〜、それは熱心になりますよね、記憶力もあるし、チャレンジしたい気持ちもありますよね。私も二〇代のころは作ってみよう、やってみようっていう気持ちがありました……。じろまるさんのおうちはお母様がお料理上手だと書かれていましたよね。

じろまる　そうですね、上手だったと思います。

渡辺　うちも母親が料理好きで、上手だったと思います。ただあんまり外に食べに行く習慣がなかったんですね。『暮しの手帖』のような雑誌、本を読んだり祖父母から教わったりして、凝った洋食とかは上手だったんです。ただ餃子とかお好み焼きとか、今だと「B級」なんて言われる、だけどコツがいるという料理は外で食べたことがないから、ちょっとオリジナルが入っていてあんまりおいしくない。餃子もすごい得意な感じでいたんですけど、今となっては自分で作ったほうがおいしいなって。じろまるさんのお母様はどういうタイプでした?

じろまる　うちの母親はもともと、全然料理ができなかったらしいんですよ。母は一一人きょうだいの真ん中で、お姉ちゃんがいっぱいいるんです。父の思い出で、最初にデートしたお互い二二〜二三のとき、母が持ってったお弁当っていうのが、料理上手のお姉ちゃんたちやおかあさんみんなで作って余ったおかずであろう冷えた天ぷらをお弁当に詰めてきて、「これでいいと思う神経が信じられない」と思ったらしいんです。冷えた天ぷらはお弁当じゃない、だったら野菜炒めでもなんでもいいから、今日作ったものを入れてくればいいのに、って。母にはそれが通じなかったので、「この人結婚しても料理作れるようになるのかな」って心配したらしいんですね。

渡辺　そのあと練習したんでしょうね。でもきっと、おいしいものを食べてきているから。

じろまる　そう、おいしい記憶がね、あったと思うんです。

渡辺　たどっていけるんですよね。あと、おうちで親が上手じゃなくても、時々外で食べているとその記憶も残りますよね。

じろまる　うちは外食が多い家庭でしたね。

渡辺　そうなんですか、それは磨かれそう。

じろまる　外からいっぱい情報を得て、どこかで食べたものがおいしかったらそのお店に料理教室みたいに教えてくれって言いに行ったり、近所の奥さん三、四人集めて、ミニ料理教室をやってもらったりしたそうです。

渡辺　なるほど、それはいいですね。うちの母親、ミートローフとか煮込みハンバーグとかパウンドケーキとか、ちょっと気合の入ったものはすごく熱心に勉強するから、リッチな感じでおいしいんですけど、やっぱり偏りがあったかな。でも全体的に上手だったですかね。あと、私は今は魚を食べるのって刺身とか塩焼きが好きなんですけど、母はやたら魚を煮付けていた記憶がありますね。

じろまる　この間、実家に帰ったときに鯖があって、母が煮るっていうんですよね。そのとき久しぶりに鯖の醤油煮を食べたら、この人こういうのを煮させたらすごく上手いんだなって感動しちゃって。

渡辺　加減が上手なのかな。

じろまる　実家は南房総なんですが、母は五〇年住んでいるんですって。死ぬほどやってきてしみついているんでしょうね。

ミルクティーへのあこがれ

じろまる　ペコさんは子どものころから料理していたんですか？

渡辺　小学校のときから、やってみるのは好きでしたね。北海道だったから、じゃがいもをやたらよく食べてて。よく覚えているのが、スライスして、細く切って、ギュウギュウに押し付けて焼くんです。ちょっと粉を振っていたかな。塩コショウとかでカリッと焼いて。それを自分で作ってよく食べてた気がします。

じろまる　北海道のおうちにはじゃがいもが我々の想像以上にいっぱいあるんでしょうね（笑）。

渡辺　土日のお昼は主食、じゃがいもね、みたいな。バターと塩載せて。おかずもあったと思うんですけど、主食はじゃがいもでしたね。

じろまる　南房総では学校から帰ってくると、玄関前にバケツが置いてあって、近所の人が勝手に魚を置いていくんですよ。

渡辺　すごい、でもそれはすぐに調理しないと大変ですよね。

じろまる　夏とかは特に大変。うちは母親がダブルワークをしていたのであんまり時間がなくて、結構遅い時間になって「いずみ！　ごはん炊いて！　三合！」とか「適当になんか作って！」と言われたり。魚はさばけなかったけど、母親がざっと三枚におろしたサクを切るのはやっていました。

お話をもとにじろまるさんが再現したじゃがいも料理。好物の卵焼きを添えて

渡辺　いくつくらいですか？

じろまる　最初に料理したのは七歳なんですけど、一〇歳か一一歳くらいのときには卵を焼いたり、野菜を炒めたり、ぬか床から何か出したりするく

らいは。豚肉を切らずに炒めて、切りなさいって毎回叱られていました。

渡辺　私、肉に手を出すのはもっとあとで、そのころ焼くのは卵と魚肉ソーセージ。おやつだったのかな。さっきのじゃがいもを焼いてたのは小学校三年生くらいかな？　ミルクティーとじゃがいもにハマって、やたらミルクティーを飲んでましたね。

じろまる　ミルクティーって女子はハマりますよね！

渡辺　みんなハマる時期があるんですかね。

じろまる　イギリスの文化とかに乙女心が爆発するんですよ。ちょっとあとにロイヤルミルクティーとか知って、「茶葉を煮るんだ！」とか。

渡辺　最初は紅茶が好きで……紅茶が好きって言っても安いティーバッグですけど（笑）。そこに牛乳を入れて甘くして、おいしいって思ってたんだけど、煮出すことを知るともっとおいしくなるんですよね。

じろまる　お話を聞くと、私もだけど、ペコさんも小さいころから食に対する興味が強いですよね。

渡辺　そうかもしれません。じろまるさんももともと食べるのは好きでしたか？

じろまる　私は本当に好きで、食事のことばっかり考えていて。本を読んでも、食べ物描写ばかり気になるんですよね。本を貸してくれた人に、「ねえねえあそこでさ、○×って料理が出てくるじゃない？」とか言って「そんなの出てきた？」って言われたり。

渡辺　うちも小さいころに、少年少女文学全集が家にあって、いろんな国の料理が出てくるのがすごい好きで、めちゃめちゃ読んでました。「七面鳥の丸焼き」とか「ぶどう酒」とか。

じろまる　ワインじゃなくて「ぶどう酒」。外套を羽織った紳士が飲むもの（笑）。

渡辺　そうそう、そういうのを見てて。本とかでも食べ物の描写が小さいころから好きだったから、その感じが今でも続いてるかもしれないですね。

「とんかつ定食」の描写で伝わること

じろまる　ペコさんのマンガには食べ物がたくさん出てくるんですが、登場人物がわりと定食屋さんに行かれるんですよね。

渡辺　そうですね、定食屋か居酒屋ですかね。

じろまる　あんまりバーとかじゃないですよね。食べるのが主というか。

渡辺　私自身はバーも好きなんです。しょっちゅうは行かないんですけど、バーの雰囲気とお酒は好きなんですよね。だけど、マンガでカフェとかバーに行って食事するとか、飲みに行くようにすると、ちょっと素敵っていうか、洒落た感じが出すぎるかなと思って。でも実際に私が描いたらそんなに出ないんですけど（笑）。どっちかというと定食とか居酒屋のほうが描きやすいですね。

じろまる　日常な感じが。

渡辺　そうですね、生活に寄せていきたいというのがありますね。

じろまる　実生活ではどういうお店がお好きですか？

渡辺　私が行くのは焼き鳥屋とか居酒屋が多いですかね。定食屋さんはごはんメインになるので、そんなには行かないかなあ。お店としては好きなんですけど、だらだら飲んでツマミを食べてるほうが落ち着くかな。メニューを見て選ぶのとかも好きなので、居酒屋さんとかはメニューを見てるだけで楽しいですよね。

じろまる　メニューは楽しい！

渡辺　やっぱり食べるのが好きな人はメニューが好きなんですかね（笑）。

じろまる　食べもの屋さんもそうですが、ペコさんのマンガって、とにかく食べもの、登場人物が食べているシーンがたくさん出てくるんですよね。

渡辺　そんなに描いていますかね？

じろまる　食べものが出てくるところに付箋を貼ったら付箋だらけになりました（笑）。食べものに物語をうまく乗せているなと思うんですが、たとえば『ボーダー』二巻でとんかつ屋さんでごはんを食べるシーン。モリモリ食べてるとんかつ定食とビールをコップ二杯で、若い男の子の食事ということが「わかる」じゃないですか。

渡辺　たしかに、このときは男の子が若いから、居酒屋さんとかより「ごはんを食べる」イメージでしたね。

じろまる　これで「男の子だな」っていうのが伝わるんですよね。それから『にこたま』は主人公がお弁当屋という役どころでしたし。

渡辺　『にこたま』のときは結構、料理を作るほうに意識を寄せていた気がしますね。

じろまる　主人公がお弁当屋さんで、お蕎麦屋さんも出てきますよね。たとえば、あの登場人物を「お蕎麦屋さん」にしたのはどういう意図なんでしょう?

渡辺　そんなに理由があるわけではないんだけど、シュッとしたわかりやすい職業より、お店の人に憧れがあるんですね。自分ではお店屋さんとかは大変だしぜったい向いてないんですけど、調理をしてくれる人が好きっていうんですかね。「すごい」という気持ちと「好き」という気持ちがあります。

とんかつ定食
もりもり
食べながら
コップ数杯の
言って
くれるじゃ
ないの

『ボーダー』(集英社)2巻より引用 ©渡辺ペコ／集英社

生活の表現としての「ごはん」

じろまる　『ラウンダバウト』二巻の調理実習のシーンも印象的ですよね。実習で作った料理の味が薄くてお醤油を少し垂らして怒られる。

渡辺　あれは自分の思い出なんです。高校のときにああいう先生がいて、「薄いな」と思って醤油を足したら「渡辺ェッ！」って怒られて（笑）。マンガに出していますが『そぎ切り』を中国語でピエンといいます」……って本当ですかね？

じろまる　それは本当です（笑）。

渡辺　そう教わったことがずっと頭に残ってて。調理実習って決まった工程と時間だし、本当においしくなかったんですよね。シンプルに肉からだしを出すにしても、お酒入れたり生姜入れたり、肉の量とかあると思うんですけど、ちょっぴりのお肉を湯でゆで続けるみたいな。それでちろって醤油を入れて、めっちゃ怒られました。

じろまる　フィクションといえど、やっぱり自分の体験も入ってくるんですね。

渡辺　このころとかは特に、連載するのがほぼ初めてだったので、自分のエピソードとかを出しながら描いていましたね。ようかんを薄く切って食べるとかも、高校の友達が「すごい薄く切るとおいしいよ」って言うから試したりして（笑）。そんな会話を『ラウンダバウト』のエピソードに混ぜていますね。

じろまる　私の文章もそうですが、ペコさんのマンガの登場人物はごはんを食べながら「会話」をしますよね。

渡辺　やっぱりコミュニケーションとして、生活しているみたいな意味で描いてることが多いですね。食べるって生理的な行為だから、それが日常的にできるっていうのは相性がいいんだと思いま

『ラウンダバウト』（集英社）2巻より引用 ©渡辺ペコ／集英社

す。その象徴として描いたりしますね。あとちょっと何もしてないと手持ち無沙汰というのもありますかね。すごく簡単にいうと、男女で仲がいいっていうのを描くと、イチャイチャしているかご飯食べてるか、みたいのがわかりやすいんです。「恋愛中」ではなくて生活を描くとすると、イチャイチャより、ごはんをどう食べるかとか、何食べるかとかで表現するというか。

じろまる　「ほおばる」という描写も印象的で。

渡辺　ああ、口によく入れてますよね。

じろまる　それもやっぱり話をしながら、食べながらしゃべってるというシーンが多いからですよね。

渡辺　そうです、そういうことですね。本当は口に入れてしゃべるのは行儀悪いけど（笑）。でも「ちゃんと食べてる」ことを描きたいんですね。

じろまる　リアルな食事を描かれてるなと思って、食べているのも「生活」っていう感じがある。

渡辺　そうですね、おざなりに食事を置いてるだけってならないようにとか、あんまりきれいすぎないとか多すぎないとかは気をつけています。あと、食器を出すとか片付けるとか、そういうのを最近は特に気をつけて描いてて。なるべく男の人が作ったり、サーブしたり、女の人が作る場面もあるんですけど、準備とか下げる、お茶入れるとかコーヒー入れるとかはなるべく男性にさせる。

じろまる　うんうん、ペコさんのマンガでは男の人が作ったり出したりしているんですよね。

渡辺　そうなんです、そのほうが落ち着くんですね。女の人がやると「尽くしてる」感じに見えちゃうのがいやで、わりと女の人に座らせて男の人に立たせる。

じろまる　実際、男の人でそういうことをしている人っていっぱいいると思うんです。でも描かれる人はあんまりいないのかも。男性の作家さんもそうだし、女性の作家さんが描く場合も無意識のうちに役割を分けちゃうことが多いんじゃないかなって。

渡辺　そうなんですよね。絶対数としてまだ女性がやるほうが多いと思うので、なるべく男性がやる絵面を入れているというのはあります。

じろまる　今後、マンガで描いてみたい、ごはんの風景はありますか？

渡辺　最近自分もまじめに作らず、「食べればいいや」という感じになっていて、そうするとマンガのなかでもそうなりがちなので、もうちょっと家で作って食べる場面をちゃんと描きたいなと思いますね。たくさん出てくるとかじゃなくて、日常のごはん。じろまるさんは書いてみたいものありますか？

じろまる　私はですね、一緒に何かを作るっていうシチュエーションが書きたいなって思って。恋人同士じゃなくてもいいし、

渡辺　親子でも友達でもいい？

じろまる　そうそうそう。一緒にキッチンに立って喋りながら作る、みたいな。

渡辺　それはいいですね。キッチンって横並びで作業するから、距離感がいいんですよね。

じろまる　キッチンって家によって様々なので、このキッチンで話はしやすいけどあっちはダメとかもある。

渡辺　うんうん、ありますね。

じろまる　だから他人のキッチンは使いづらいとかあるけど、たとえば義母と一緒に何か作ったりするときに、使いづらいところでも作るとか、こういうシチュエーションはいいなって。

渡辺　確かにそれはいいですね。関係性によっても違うし、すごい気を使ったりとか（笑）、物語が出てくる。私は子どもが大きくなってきて、今も時々一緒にやるんですけど、一緒に台所仕事ができるようになってきたのが楽しみです。子どもはすごいこだわりがあるから、一緒にやると時間がかかりますけどね（笑）。

渡辺ペコ●北海道出身。二〇〇四年、『YOUNG YOU COLORS』にて『透明少女』でデビュー。以降、女性誌を中心に活躍している。代表作に『にこたま』『1122』（現在『モーニング・ツー』にて連載中）など。

おわりに

書くこと健康法のススメ

父が倒れたと連絡があったとき、私の心に沸き起こったのは激しい怒りであった。悲しみではない、心配でもない。「脳の半分が真っ黒で、いつ死んでもおかしくない」と母に聞かされても、頭から湯気は出るが涙の一粒もこぼれ出ない。ただただ、とめどない憤怒に息が詰まりそうになっていた。もしこれが「特に悲しくない」のならわかる。本書でも何度か言及したが、私と父の関係はおよそ良好なものではなかったし「母と離婚すればいいのに」と願った回数は星の数より多い。私の人生におけるもっともやっかいな生き物が、父である。だから「別に悲しくないと感じた」というのなら理解できた。

そして父の家系はあまり長寿ではなかった。父と一緒に南房総へやってきた伯父は初老を待たずして亡くなってしまったし、早逝した兄弟もいる。父自身も子どものころからの虚弱体質で、いつも体調不良を訴えていた。だから、いつかやってくるその日はそう遠くないんだろうとある程度の覚悟はしていた。なので「いよいよきたかと平常心で迎える」のなら、これまた理解できる。ところが私は猛烈に怒っているのだ。なぜだ。自分ではまったく理由がわからない。人に相談してもみたが、これという結論を出してくれる人は誰もいなかった。

そこで私は紙に書き出してみることにした。父について思うこと、いいこと、悪いこと、思い出せること何でも。無秩序でいい。箇条書きでいい。紙に書いて文字として見て、少し頭を整理しよう。そして怒りのままにA４用紙の裏表びっしり書き終えたころ、私はひとつの結論に達した。

こんなにわだかまりのある親子なのに、私たちは何ひとつ解決していないじゃないか。そんな状態のまま、自分だけ突然ステージを降りるとはどういうわけだ。断りもなしに死ぬなんて、勝手すぎるんじゃないか。

私はそんなことを怒っていたのだった。そこに気づいたのだ。

書くことは、思い出すことだ。思い出すことは見つめ直すことであり、見つめ直したものを文字にすれば整理がつく。整理できて初めてわかるものがある。本書の原稿を書いている途中にも、いくつもの発見があった。例えば当時は何でもないとスルーしていたことが、文字にして読んでみると「ちょっと、私こんなにひどいこと言われてたの」と激怒していい事案だったものがある。今見るとそれは明らかなイジワルだったのだ。くやしい。タイムマシンがあればその場に戻ってバシッと怒ってやるものを。

逆もある。あの時、あの子が言ったことをずっと不満に思っていたけれど、改めて文字にしてみると「あれ？　別にイジワルを言われてたわけじゃないかも？　むしろ心配されていたのかも」と気づいたものがある。嫌な思い出として封印していたが、実はそんな必要はなかった。悪意なんて最初からなかった。ずっと心にトゲが刺さったままだったが、思い出して、見つめ直して、整理して、俯瞰したおかげで、そこから抜け出すことができた。ああ、あのトラウマは終わったんだ。ここで終了したんだ。気分はサッパリ。肩こりもスッキリ。例えようのない爽快感。うん、これはもう「書くこと健康法」と言ってもいいのではないだろうか。

そんなわけで皆さんにも「書くこと健康法」をオススメしたい。うまくなくていい。媒体もなんでもいい。書いてみよう。文字にしてみよう。そうして初めて見えてくるものが、そこには必ずあるのだから。私もまだ書ききれなかった出来事や、食べ物はたくさんある。ひとつひとつ思い出すたびに健康になるかと思うと、楽しみで仕方ない。

そして最後に多くの方に感謝をしたい。私のnoteを本にしようと思いついてくれた編集室屋上の林さやかさん、対談に快く応じていただいた渡辺ペコさん、若くもない新人のデビューにGOサインを出してくれた晶文社の方々、私の人生に介入しさまざまなエピソードを提供してくれた人たち、おいしいコーヒーと快適な作業空間を与えてくれたコメダ珈琲三軒茶屋店。すべてに感謝の気持ちしかない。

その後父は一命を取り留め、数年だけ生き延びた。その間私は、父のことを許しはしないが不問にすることを決めた。できる限り話をした。彼が人生について導き出したひとつの結論を聞き出すこともできた。「葬式でびちゃびちゃ泣くのは好かん」というので、お望み通り泣かずにいてあげた。これでよかったのかな。よかったんだよな。

じろまるいずみ

長崎生まれ、房総育ち。現在は東京在住。幼少の頃から筋金入りの食いしん坊。名古屋・新栄で居酒屋「ＪＩＲＯＭＡＬ」を経営（現在は閉店）。店の評判からレシピを含んだエッセイを書くようになる。なぜか食にまつわるエピソードに事欠かない。現在は料理のワークショップを定期的に開催するほか、料理作家として執筆活動も行っている。Twitter@jiromal

餃《ぎょう》子《ざ》のおんがえし

2020年2月5日 初版

著者

じろまるいずみ

発行者

株式会社晶文社

東京都千代田区神田神保町1-11

〒101-0051

電話 03-3518-4940（代表）

4942（編集）

URL http://www.shobunsha.co.jp

印刷・製本

ベクトル印刷株式会社

ISBN978-4-7949-7170-8 Printed in Japan